U0036836

禪與悟。

聖嚴法師 著

自序

禪的思想是：空靈、豁達、開闊、明朗的人間清流。

禪的生活是：積極、自在、簡樸、自適的安心方式。

禪的理念是教人：首先學著放下自私、自欺、自怨、自慢、自我枷鎖，才能海闊天空地任運飛翔。

禪的方法是教人：首先練習認識自我、肯定自我，然後粉碎自我，才是悟境的現前。

禪的目的是教人：學著將現實世界的八熱地獄，轉變為清涼國土的七寶蓮池；試著把自害害人的身、口、意三業，轉化成自利利他的慈悲與智慧。

本書不是禪，僅希望藉它來向讀者諸君透露一些關於禪的消息。

在本書問世之前，我曾出版過兩本類似的禪書：

一九八四年十二月，選收了二十五篇有關禪修的演講稿，名為《禪的生活》。

一九八六年十二月，再輯繼續講出的二十四篇文稿，編為一書，以《拈花微笑》為名。

轉眼之間，已是一九九一年了，四年多來我雖照樣地為農禪寺的禪坐會開示，被整理成稿者卻不多見。原因是《人生》月刊連載我的另一冊書《學佛群疑》，達一年半之久，一則《人生》不缺稿件，二則我已沒有更多的時間刪改由錄音帶整理的講稿。

不過我在紐約的法鼓出版社，自從一九八二年出版《佛心》（*Getting the Buddha Mind*）以來，又於一九八七年出版《開悟的詩偈》（*The Poetry of Enlightenment*）及《信心銘》（*Faith in Mind: A Guide to Ch'an Practice*），一九八八年出版《摩根灣牧牛》（*Ox Herding at Morgan's Bay*），一九九〇年出版《寶鏡無境》（*The Infinite Mirror*）及《智慧之劍》（*The Sword of Wisdom*）。同時也由臺灣的東初出版社印行。以上八種中、英文禪書，由其再版次數及發行量而言，應該算是我的各類著作之中，最受一般讀者所愛讀的。通過文字的媒介，我在東、西兩個半球推廣不立文字的禪學，也產生了若干正面的影響。

本書《禪與悟》收錄的二十七篇文稿之中，僅有〈夢中說夢〉及〈有分別與無分別〉，是在農禪寺的禪坐會講出。其他講於國內各處者共十篇：淡江大學〈禪與纏〉、臺中市中興堂〈正道與邪道〉和〈悟與誤〉、臺北市國父紀念館〈情與理〉及〈善與惡〉、高雄市文化中心〈禪——如來如去〉、臺北縣永和國父紀念館〈人間淨土〉、臺北縣板橋體育館〈心淨國土淨〉、高雄女中禮堂〈禪——你．我．他〉及〈禪——多．一．無〉。其餘諸篇皆在美國及香港講出，例如：〈禪與悟〉講於波士頓哈佛大學，〈時空與生命的超越〉講於麻省羅爾大學，〈禪與日常生活〉講於華盛頓大學，〈禪——人類意識〉講於紐約大學，〈禪——擔水砍柴〉講於紐約莊嚴寺，〈禪——解脫自在〉、〈禪——平常身心〉則講於香港沙田大會堂。

本書所收文章，出於一九八六、一九八七、一九八九三個年頭的各占一篇，一九八八年的共有八篇，一九九〇年的多達十六篇。可見我在去（一九九〇）年之內，演講次數很多，修改完成的文稿也不少。

本書的內容，因係通俗演講的體裁，講出時往往造成轟動，尤其是國內，場地小則小滿，大則大滿，每場聽眾，少則數百位，多則六、七千。因為我的演講對象，不論在國內或國外，八成是中上階層的知識分子，所以盡量用知性及理性的角度，介紹實用、易懂、健康而且層次分明的禪修理論及禪修方法。本書的出版，也等於讓讀者們，以短短數小時的時間，隨著我度過四年的歲月，一站又一站地聽完二十多場有關禪修的演講。甚至要比到現場獲得更多的訊息，因其經過錄音帶的整理，加上我的刪修增訂，比起講出之時，精簡充實了許多。

一九九一年四月二日聖嚴自序於臺北北投農禪寺

目錄

禪悟與靜坐

禪並不一定要靜坐，但是要有靜坐的基礎。

靜坐對我們的身心都有好處。它能促進身體的健康及心理的平衡，能使我們減少執著，也能使我們的頭腦更冷靜、更清楚；再進一步，便能產生智慧，開發精神的領域。可是從禪的觀點來看，若無佛法的指導，由靜坐所產生的智慧仍然是帶有煩惱的。由於他的自我中心還在，一旦遇到跟他自己有衝突的人、事、景物之時，他的內心就會痛苦掙扎了。

靜坐應注意的事項有三：1. 調身，2. 調息，3. 調心。

所謂調身，是指正確舒適的坐姿，以及靜坐中的身體反應。

至於調息，是指呼吸，可隨著各人定力的深淺分為四個層次：鼻息、腹息、胎息、龜息。「鼻息」是使用鼻孔出入的自然呼吸。「腹息」時，空氣雖然是由鼻孔進出，可是不注意鼻孔，也不感覺到是用鼻孔呼吸，而僅是腹部起伏蠕動。所謂「胎息」，是不用鼻孔呼吸，全身的每一個毛孔都能成為呼吸器官。此時的大宇宙即是母胎，自身是胎兒。「龜息」則自己不需要呼吸體外的空氣，甚至心臟也停止跳動，此時修行者的身體已能獨立自成一個宇宙，用自己體內的氣或能來運行，自給自足，不必由體外提供空氣或養分。

至於如何照顧心念？一般是以止觀的方法來攝心凝念。使用數呼吸、觀身不淨、念佛、禮拜、靜坐、冥想等方法，均可達成目的。

靜坐的主要目的，在於集中散亂的心，使它漸漸變成統一心。通常人在得到心的統一之時，認為自己已經沒有自我而達到了無我的階段。其實那只是靜坐的層次，或是定的層次。定的經驗也有高低，故有四禪八定之分，但都不出於統一心的範圍，而且尚未達到及於無心空慧的實證。從上述可知，如果是用中國佛教禪悟的角度來看，「定」的經驗，未必等於禪宗的禪定。

那麼，什麼是禪宗的禪定呢？六祖惠能大師的《壇經》說：「外離相即禪，內不亂即定。」「不見人之是非善惡過患。」接觸諸種外境而心不亂，「於念念中，自見本性清淨。」可見禪宗的禪定是在清淨的智慧觀照，不在於統一心的定境，因為若住於統一心的定境，依舊未離執著。

而所謂執著的意思是什麼呢？就是當你面對任何人、物、事的時候，首先強調「我」看到了什麼，而加進價值的判斷，那就是執著。

那麼禪的所謂不執著是什麼呢？

任何一樣東西、任何一件事情、任何一個人在他面前出現的時候，他自己不會加諸任何意見，而對方所需要的東西，卻恰如其分地給了他反應。

在涉及親子關係、男女關係及財產的問題時，最容易使我們感到自我中心的執著；其次就是名譽和觀念。對於修行者而言，最難化解的執著是感覺到自己有自我的成就、自我的經驗，他可以什麼都不要，就是無法擺下自我的觀點價值和經驗價值，所以尚有驕慢心。因此凡是有自我存在的價值肯定，便是沒有真得解脫，也沒有真正完成無漏的智慧。

禪宗在開悟的時候叫「見性」，見性以後要保持它、要增長它，所以還要悟後起修而來培養它。雖然禪宗強調開悟以後他的見地就跟佛完全一樣，不過他不是佛；就好像西藏人修行，把自己本身觀想作自己就是本尊，可是即使修成了，本尊還是本尊，他還是他。不過比起修行之前，多了些慈悲心。

所以中國的禪師在沒有開悟以前要好好地修行。在開悟以後，要去找更好的老師，只有開悟以後，才知道什麼樣的人才是好的老師。然後，自己還要加倍地努力。

禪，並不一定要靜坐。所以《六祖壇經》說：「此門坐禪，元不著心，亦不著淨，亦不是不動。」又說：「有人教坐，看心觀靜，不動不起，從此置功，迷人不會，便執成顛。」六祖是主張：「定是慧體，慧是定用。即慧之時定在慧，即定之時慧在定。」所以我們沒有看到六祖惠能大師靜坐的修行過程；六祖以後的第二代懷讓禪師，看到第三代馬祖道一禪師打坐的時候，還說了個比喻：「坐禪得成佛，豈非磨磚能做鏡？」

不過，從許多禪學記載中，我們看到許多禪宗的祖師們也要打坐的。在馬祖的弟子百丈所立的《清規》中也有「坐禪既久」的記載，只不過不重視打坐，而是把日常生活裡的任何一個時間、任何一個動作，都認為就是修行。

我們看到百丈禪師的生活原則，未見其記載一天要打坐多少時間，而倒曾說「一日不作，一日不食」的文字，那即表示他的主要修行就是上山出坡、下田耕作。

其實六祖惠能大師也是如此。在還沒去見五祖弘忍以前，他是個打柴的人，見了五祖之後，也沒叫他去打坐，反而是讓他到廚房去舂米。我們必須了解到，當他工作的時候，他的心經常是在一種非常穩定、平靜、了無情緒波動的狀態。這樣子的人，才可能獲得真正的開悟。

但是，也必須要有觀念的引導。惠能大師真正開悟是聽到了《金剛經》，使他能夠發現所謂「執著」與「不執著」，「我」和「無我」等相同與不同的地方。

由此可見「觀念」還是很重要。雖然禪宗講「不立文字」，它的意思是說不可以執著語言文字，但是還是需要從語言文字中得到消息，得到正確的指導，名為「藉教悟宗」。

如果六祖沒有聽到《金剛經》「應無所住而生其心」的經句，他不會開悟；如果他僅僅抱住、執著《金剛經》的那句話，他也不會開悟。所以禪宗把經教的作用比喻為「以指標月」。如果沒有手指，迷人便不知道月亮在哪兒。如果迷人只顧看手指而不肯看手所指的月亮，手指便成無用。如果迷人已循指見月，手指也不再有用。

由於一般人無法把心靜下來，就是能夠安靜，也很難經常安定，所以仍須靜坐。也可以說禪悟並不一定要靜坐，但靜坐的定力有助禪悟，不過僅僅是靜坐，也無法獲得禪悟。

問答討論

師：我想你們諸位多半對於佛法、佛教已經有基礎的知識，也有人正在禪修及修學西藏的佛教。我相信各位有好多問題想問，我能夠回答的我回答，我不懂的我就說不知道。

問：請問您對曹洞宗重視修行不重視開悟，認為修行本身就是開悟的講法有何看法？

師：我想那是比較安全踏實的觀念。如果專門追求開悟、強調開悟的話，就可能使人養成倒因為果的取巧心理，容易形成不想修行的流弊，認為開悟以後就不必修行了；另外也可能使久修而尚未徹悟的人失望而不想修行。所以我也主張重視修行的過程，要比重視開悟的目的更好。你贊成我的意見嗎？

答：當然贊成。當我問我的老師關於開悟的問題時，他總是勸我不用操心。那些執著開悟經驗的人，將開悟經驗當成另一種寶貝抱住，執著它。

師：對，追求開悟，炫耀開悟，本身就是一種執著。

問：聽說有位韓國比丘，修行時把「死」字的牌子放在面前，可不可以請您開示，是不是一定要有死的決心才能修好？

師：我們也教人在進入禪堂的時候要下個「大死一番」的決心。死有大死、小死之別。小死是身體死，而妄念煩惱等生死業沒死；大死則應該把自己所有過去、現在、未來的一切，不論是好或壞的經驗及觀念，全部丟下，這樣你才能真正地用功。我不知道那位韓國禪師的「死」字牌子是什麼意思。但是，在中國的禪堂裡，老師會說：「我們現在得好好用功啊！只准活的進來，死的出去，偷心妄念不死，就不該再出禪堂。」

問：也許這位韓國禪師是在參話頭或公案時就是想依這種方式拚命把疑團打破。

師：這種決心很好，可是這樣猛修有危險，只有少數身體很好，心理狀況也很好的人才可以使用。

問：我們應以怎樣的態度對待感情？

師：要應用感情，但不受感情的左右而起煩惱。

問：可以不可以用感情來教人？

師：對眾生來說是感情，對菩薩來講是慈悲，像觀音菩薩，他是用種種的形相、種種的方式來幫助人，如果不以感情來幫人，人家會怕他。因為菩薩沒有執著，所以也沒有煩惱。不學佛、不修行的人，感情會變成自己的煩惱，也會引起他人的煩惱。

問：如何使用感情而又不起煩惱？

師：有兩種方式：一是經常用佛法的觀念來一次又一次地糾正指導。二是用禪修的方法漸漸地淨化感情而成為慈悲的襟懷。

問：感情是很自然的事，一經約束、否定，就不自然了。

師：任何一件事若要給予訓練修正的時候，必然是不自然的啊！水往下流是自然，若把水往上打，便是不自然，但是我們往往必須把水向上打入水庫或蓄水槽，給了它壓力，才能使用它。

問：慈悲在禪法中的地位如何？

師：慈悲和智慧的意義相同，表達方式卻不同的。真有智慧的人一定會真有慈悲。慈悲的表現是在廣度眾生，而在他心中沒有自己也沒有眾生，便是實證空性的無我智慧。唯有無我無著的智慧，才會表現出真正的慈悲。

（一九九〇年四月十六日晚講於美國聖路易的禪中心）

禪與悟

一、禪的定義

禪的定義可列出四種：

（一）冥想

佛教的專有名詞叫禪那（dhyāna），譯成中文有定、靜慮、思惟修等意思。所謂定，是心止於一境；靜慮相當於英文的 meditation，用現代語說就是冥想；思惟修不是思想，而是用心在方法上不斷地觀照，每次一離開方法就再回到方法，使自己繫念於方法。若以我的觀念來說明，就是用方法把散亂的心念變成能夠集中的心念，然後再達到心念的前後統一，這就是入定，如果能更進一步把統一的定心破除、揚棄，出現的就是無我和無心的境界。一般稱此境界為見性、開悟，也就是佛教六波羅蜜中的第五——禪波羅蜜。

（二）四禪天

梵語是 catvāri dhyānāni。初禪離生喜樂，二禪定生喜樂，三禪離喜妙樂，四禪捨念清淨。根據《雜阿含經》卷十七：「初禪正受時言語寂滅，第二禪正受時覺觀寂滅，第三禪正受時喜心寂滅，第四禪正受時出入息寂滅。」它是四無量心、八解脫的基礎法門，也是四無色定和滅盡定的基礎法門，為印度佛教和外道共同所修。它也是小乘的阿羅漢及佛陀釋迦世尊最主要的修行法門，一直到他們成道和涅槃之際，都是依此四禪法完成。《長阿含經》卷四、卷六、卷十二以及《中阿含經》卷一、卷四十二、卷五十六等，都有很詳細的敘述。不過，外道以為進入最高的世間定就是解脫；例如佛陀成道之前跟阿羅邏仙人學四禪法，外道仙人以此為最高解脫，然而佛陀發現那尚非解脫。（見《過去現在因果經》卷三）

（三）坐禪

顧名思義，坐禪就是用坐的姿勢達到禪修的目的。禪定的方法是由印度的瑜伽士發現的，據說古印度有一位修行人入山尋求解脫之道，發現猴子盤腿打坐調息，遂加以模仿，結果身心舒暢，因此提倡以打坐來修行。其實這可能僅是傳說，以猴子的生理構造而言，若像人類一樣交叉兩腿或伸腿而坐，也許還可以辦得到，但能不能盤腿而坐則大有問題。在佛陀以前的印度古典籍中，以《奧義書》（*Upanishads*）為例，早已講到修習禪定的方法，而《奧義書》的梵語就是「近坐」的合成語，即肝膽相照地對坐之意。書中主張用調息、調身、調心及口誦「唵」字進入禪定。

根據歷代禪修者的綜合經驗，坐禪的姿勢稱為七支坐法：1.雙足跏趺，也就是盤雙腿；2.背脊豎直；3.手結法界定印；4.放鬆兩肩；5.舌尖微抵上顎；6.閉口；7.眼微張。（詳細內容請參考拙著《禪的體驗．禪的開示》的〈禪的入門方法〉）其條件是在清淨無人處或安靜不受打擾的房間，一個人單獨坐，要少欲、知足，然後才能達到所謂「心一境性」的禪定程度。

（四）禪宗

禪宗發源於印度，成長、成熟於中國，之後傳入韓國、日本、越南。相傳釋迦世尊及其第一大弟子摩訶迦葉在靈山會上，前者拈花，後者微笑，是為禪宗第一代祖師。此後代代相傳歷二十八世，至菩提達摩時傳到中國，成為中國的禪宗初祖；又經過五傳，到第六祖惠能大師，完成了禪宗不拔的基礎。禪宗強調不立文字，教外別傳，直指人心，明心見性，頓悟成佛。然而禪宗的著作從菩提達摩到六祖惠能為止，卻引用了不少的經典；嗣後在中國佛教史上的諸宗之中，留下著作最多的也是禪宗。其原因是為了說明「不立文字，教外別傳」，所以更需用大量的文字。佛教在中國，禪宗是最受歡迎的一派，維持最久，傳播最廣。在唐宋時代曾發展成五家七宗，到宋以後逐漸剩下兩大支流，即臨濟宗及曹洞宗；日本的禪宗傳自中國的宋朝，所以也只有這兩個系統。由於以上因素，現在在世界各地談到「禪」這個字，就會使人想到禪宗。

二、悟的定義

「悟」的意思，就是本來不知道的，突然間知道了；但是佛教所講的「悟」與此有所不同。就一般人所謂的悟而言，約可分作五類：

（一）藝術的悟

藝術的悟實際上又可稱為靈感。不論是文學家、音樂家或畫家，他們的創作多半不是依賴平常的知識或學問，也不完全依賴技巧的訓練。文學上有所謂下筆如有神助，幾千幾萬言一氣呵成；就畫家而言，憑著神來之筆，不論是小品或巨幅的畫作，均能一揮而就；音樂家譜曲，經常是不假思索，源源而出；當然，也有所謂文窮而後工，賈島的「推敲」便是最好的例子。可是沒有靈感的創作只能見其工夫，不能獲得天馬行空的自在與豁達，因此，藝術家往往是天成的。

（二）科學的悟

科學家們發現某種物理、數學、生化等學術上的定律，固然先應有其學術的基礎訓練，主要還是得自悟性，不論是理論的或技術的重大創發與突破，往往是在「踏破鐵鞋無覓處，得來毫不費工夫」的情形下產生的。牛頓見蘋果落地發現萬有引力定律，愛迪生發明電燈，愛因斯坦提出相對論，都不是常人所能做到的事。

（三）哲學的悟

對於人生宇宙的體驗，哲學家往往不出儒家所說的生而知、困而知、學而知的三個途徑。從學習而知固然重要，卻無法超越前人的經驗範圍；唯有天生而知的天降奇才及從困頓中逼擠出來的發現，才能開創新知的境界，那就是悟境。古來偉大的哲學家們，為我們的文化思想史，留下各種型態觀念的哲學理論；例如王陽明的「致良知」學說，即是在貶謫至貴州龍場時悟得。

（四）宗教的悟

宗教的悟其實就是通過宗教的儀式、信仰和祈禱、禮拜、持誦等行為，而感應天啟、神示、降靈等現象。有的直接用眼睛看到神的指示，或者用耳朵聽到神的言語，或是經由夢境得到神的垂示；也有突然靈光一閃而發覺自己與神同在，見解超乎常人，信念突然增強，生起悲天憫人的使命感；或是真實目睹天堂、地獄、神仙世界等奇異經驗。當事人往往會把這當成開悟；也就是未曾發生的事突然發生，不可能的事變成可能——宗教信仰多半是在這種情形下產生的。

但是從禪的立場來看，以上四種，都不是真的悟境。悟，必定是自我中心的脫落，自私煩惱的解放，分別執著的破除，所以應該更進一步超越於靈感與靈驗之上，才是真正的悟境。

（五）禪的悟

根據佛經所載，禪的悟是「覺」的意思。覺有三個層次：

1. 小乘的自覺。破除了貪、瞋、癡、慢、疑等自我中心的煩惱之後，再也不會因各種煩惱而在生死流轉之中接受苦報；這必須修四聖諦、八正道、十二因緣等法門，才能達到破我執、住涅槃的阿羅漢程度。在小乘的修行過程中，能夠到達初果的位置就已算是開悟，到了四果則是徹悟。

2. 大乘的菩薩稱為覺他。菩薩是梵文「菩提薩埵」（bodhisattva）的簡譯，而菩提薩埵就是「覺有情」的意思。菩薩不僅自斷煩惱，尤其發願廣度眾生，地藏菩薩甚至說「眾生度盡，方證菩提」。菩薩希望一切眾生都能成佛，至於自己能否成佛，不是問題；事實上如果眾生都因他而成佛，他必定也會成佛。通常把菩薩道的層次分成五十二個位次，若能進入第十一個位次也算開悟，直到成佛則叫徹悟、圓悟。

3.佛是自覺、覺他、覺滿。他的煩惱已經斷盡，已為一切眾生種下了得度的因緣；他是自利利他、福慧雙運而圓滿究竟的人，所以稱為大圓滿覺。

4.禪宗的悟另有勝義。有一種是不假階梯，在明師指導下一觸即悟；也有在苦參實究時，悟境突然自發。當悟境現前之時，心胸坦蕩，豁達無礙，晴空萬里，不著點塵，與佛的心地一般無二，平等一如。不過，佛是一悟永悟，而且是徹悟；一般的禪修者可能要悟了又悟。悟境出現的時間也有長短，力量強的比較持久，否則相當短暫。唯其已經開悟，畢竟和從未有過悟境的人大不相同，因為他們已經見到本來面目，所以信心堅固，而且會繼續努力。因此有位禪師曾說「大悟三十多回，小悟不計其數」，可見禪宗的悟並不等於一悟就是解脫，或者一悟就成佛。

從以上可見，佛教所說的悟有頓、有漸、有深、有淺，而禪宗屬於頓悟。頓悟可能達到徹悟，但多半要悟了又悟，重重突破。

三、禪的演變

禪的演變可分成兩大段落來介紹：

(二) 印度的原始佛教及部派佛教時代

這又可分作兩個方向來說明：

1. 在觀念上，以正知見為基礎，以戒、定、慧為範圍。所謂正知見，就是確信「諸行無常，諸法無我，涅槃寂靜」的三法印為不變的指導原則，然後持五戒、修十善，以清淨身、口、意三業。

五戒，是指不殺生、不偷盜、不邪淫、不妄語、不飲酒。十善則是把五戒裡的戒妄語口業細分為妄言、綺語、兩舌、惡口等四支，再加上意業的貪、瞋與癡。制不飲酒戒則是佛教的特色，因為佛教重視智慧的開發，而飲酒會使人心智昏亂。

修定是修九次第定，即色界四禪、無色界四定，再加阿羅漢的解脫定，亦即滅盡定，合而為九。這些定境從淺而深，從深而淺，次第出入，所以稱為九次第定。阿羅漢有兩種解脫，一種叫定慧俱解脫，即從九次第定達成解脫的目的，解脫的本身就是智慧。另一種叫慧解脫，直接從觀慧悟入解脫境界，這也是佛教的基礎觀念。

2. 在方法上，用五停心、四無量心、四念處來修行；這些都是觀行的方法，又叫禪觀或禪數。所謂五停心，就是用五種觀法，使得散亂不統一的心停下來，而達到入定的目的。其內容是數息、不淨、因緣、慈悲、界分別等五種；特別是數息觀和不淨觀，被稱為二甘露門。甘露是印度傳說中的不死之藥，用此二門方法可以進入涅槃境界。

至於四無量心，就是慈、悲、喜、捨，是依色界四種禪定而修的，這是佛法的特色。為什麼呢？一般的世間禪定耽著於定樂，而佛法要以定發起慈悲，生大歡喜，捨去所有一切的執著及定境，利益眾生，如此就能出三界。所謂四念處，就是觀身不淨，觀受是苦，觀心無常，觀法無我，這也是佛法的特色。凡夫以不淨之身為清淨，所以有執著；承受遷流不已的現象而不以為苦；心念經常念念變動而以為常；一切現象無一是真卻當作是我。用這四念處觀，就能厭離身心而不貪戀世間一切現象，達成出世的目的。

（二）印度的大乘佛教

可分成四點來討論：

1. 大乘佛教的禪定以三昧為目的。初期的大乘經中，以「三昧」為名的經典共有《首楞嚴三昧經》、《般舟三昧經》等二十四種（見印順法師《初期大乘佛教之起源與開展》）。三昧是什麼意思呢？早期是指「定」，後期是指定和慧所產生的解脫的力量，可以說就是解脫的別名。例如《大智度論》卷二十云：「三三昧同緣一實相」，「三法印即是一實相」。《阿含經》中已有「空」、「無相」、「無願」的三三昧，亦即三解脫。三解脫皆緣「一實相」，亦即實證三法印。《巴利文藏經》相應部的「質多相應」也以四種三昧為心（定）解脫（《南傳藏經》十五冊．四五〇—四五二頁）。所謂解脫，就是智慧。無漏的智慧能產生解脫煩惱的結果，因此古來的印度祖師們無不重視以三昧為目的的禪修方法的實踐。

2. 大乘禪定的四種三昧。根據中國天台智顗大師的《摩訶止觀》卷二，把印度大乘佛教所用的禪觀方法整理成四種三昧，即：

(1)常坐三昧，根據《文殊師利所說摩訶般若波羅蜜經》而來，又稱一行三昧，就是常坐不動，亦即通常所說的坐禪。

(2)常行三昧，根據《般舟三昧經》而來，所以又稱般舟三昧，是以經行的方式來修行，不休、不眠、不坐，為期九十天。

(3)半行半坐三昧，根據《大方等陀羅尼經》和《法華經》所說，因此稱為法華三昧。除打坐之外，再加禮佛、誦經、懺悔等修行方法。一般禪堂禪修的方式，多採用半行半坐。

(4)非行非坐三昧，又叫作「隨自意三昧」，或「覺意三昧」，也就是不硬性規定行、住、坐、臥的四威儀，只要心念不懈，隨著自己的意向，精進修持，一樣可以達成三昧的目的。

3. 大乘的禪定就是生活。根據竺法護譯的《阿差末經》所說：「令此禪定住平等心，是名菩薩修行禪定。……心行平等，性相平等，畢竟平等，發行平等，是名為定。住於施、戒、忍辱、精進、禪定、智慧及諸法等，是名為定。……自心等故，他心亦等，是名為定。」這是以心住於平等（眾生等、法等），是為菩薩的禪定。其文意是，菩薩修禪定，只要以平等心做一切事，不必一定以打坐的方式進行。這與《維摩經》所說的「直心是道場」以及後來馬祖道一大師所說的「平常心是道」，是同樣的意義。

4. 大乘的禪定不異於行、住、坐、臥四大威儀。例如《賢劫三昧經》卷一說：「修三品：一經行，二住立，三坐定。化諸不調，從是超越。」（《大正藏》十四冊・一頁下）

又如《阿閦佛國經》卷上，也有說：「為無上正真道者」，若「世世作沙門已（而）不常在樹下坐，世世不常精進行三事，何等三？一者經行，二者坐，三者住，……我為欺是諸佛世尊諸不可計無央數。」（《大正藏》十一冊．七五二頁中）

還有早期的《中阿含經．龍象經》第二中的「龍相應頌」，稱讚佛為大龍，而說：「龍行止俱定，坐定臥亦定，龍一切時定。」（《大正藏》一冊．六〇八頁下）

《維摩經》卷上〈弟子品〉也說：「不起滅定而現諸威儀，是為宴坐。」（《大正藏》十四冊．五三九頁下）

從以上四種經典可見，大乘佛教的禪定是多樣的，它重視日常生活，在任何時間都可以修行禪定，也就是重視心的定境，不拘泥於身體的坐姿，這正是後來中國禪宗理論之依據。

四、中國的禪宗

(一) 六祖惠能之前

六祖惠能大師之前的禪宗有兩個方向，其中之一是由菩提達摩傳承下來，另一支是其他各宗祖師所傳。菩提達摩傳到四祖道信之下，分出牛頭法融與東山弘忍兩個系統，通常都以弘忍為禪宗五祖，因為他是惠能的師父。其實法融也是四祖的弟子，並且傳了七代，到鳥窠道林以後才逐漸消失。至於不在菩提達摩系統之內的禪師，早期有竺道生、僧稠、法聰等人，都對後來的禪宗思想造成影響。另外天台系的南嶽慧思、天台智顗等人，以及華嚴宗的清涼澄觀、圭峰宗密，也是著名的禪師。

從菩提達摩到六祖惠能的時代，並不一定全是頓悟法門。例如達摩的〈二入四行〉主張理入和行入（見拙編《禪門修證指要》的〈略辨大乘入道四行〉）。所謂理入，也就是以直觀的方法契入理體，頓悟佛性。所謂行入，有四種觀行，即報冤行、隨緣行、無所求行、稱法行，這是有次第的漸修法門。

四祖道信的〈入道安心要方便門〉也提到：「於一靜處，真觀身心，四大五陰。」又說：「常觀攀緣、覺觀、妄識、思想、雜念，亂心不起，即得粗住。若得住心，更無緣慮，即隨分寂定，亦得隨分息諸煩惱。」（見《禪門修證指要》的〈入道方便〉）

五祖弘忍的〈修心要論〉（即〈最上乘論〉），主張守心第一，而說：「此守心者，乃是涅槃之根本，入道之要門，十二部經之宗，三世諸佛之祖。」又說：「但能凝然守心，妄念不生，涅槃法自然顯現。」（《禪門修證指要》的〈修心要論節錄〉）這是有心可守的，不是頓法。尤其他又說：「若有初心學坐禪者，依《觀無量壽經》，端坐正念，閉目合口，心前平視，隨意近遠，作一日想，守真心，念念莫住。」（同前〈修心要論節錄〉）這也是有方法的，而且是根據淨土經典的日觀。

從以上三段引文可見，六祖以前的禪宗仍然屬於印度禪觀之延續，到了六祖才出現所謂直指人心、不落階梯的禪風。

（二）六祖惠能

惠能大師是聽《金剛經》的「應無所住而生其心」而開悟的，所以特別重視

《金剛經》。他在陞座說法之初就告訴人：「總淨心，念摩訶般若波羅蜜多。」「摩訶般若波羅蜜多」是「大智慧度」的意思，亦即以大智慧從生死煩惱的此岸度到解脫的彼岸。不過在他之前的祖師叫人用口念，而他提倡心念。

六祖不主張空心靜坐，也不主張心外求佛，如果不能自悟，也需要請善知識來開導。又主張定慧一體，曾云：「定是慧體，慧是定用，即慧之時定在慧，即定之時慧在定。」這是定慧同時，與傳統的先修定而發慧的觀念不一樣。他又說：「莫言先定發慧、先慧發定各別。」「定慧猶如何等？猶如燈光，有燈即光，無燈即闇，燈是光之體，光是燈之用。」

他對於坐禪有如下的觀念：「何名坐禪？此法門中無障無礙，外於一切善惡境界心念不起名為坐，內見自性不動名為禪。」因此他反對「有人教坐，看心觀靜，不動不起，從此置功。迷人不會，便執成顛，如此者眾，如是相教，故知大錯。」這些都是依據前面所引大乘諸經「以行、住、坐、臥四大威儀即是三昧」的觀念而來。因此惠能大師特別引《維摩經》所說「直心是道場」、「直心是淨土」兩句話，引申出「但行直心，於一切法，勿有執著」。（以上皆見於《六祖壇經》，參閱《禪門修證指要》的〈六祖壇經錄要〉）

（三）六祖惠能之後的禪宗

曾任日本駒澤大學校長的忽滑谷快天曾將中國禪宗的時代加以分期，從達摩到六祖稱為「純禪時代」，六祖惠能以後到唐末五代稱為「禪機時代」，此後到宋朝叫「爛熟時代」。繼而式微，到現代則由虛雲和尚和來果禪師中興了中國的禪宗。

所謂禪機就是引用棒喝、機鋒等手段來幫助禪修者破除我執。自北宋開始的爛熟時代，出現了公案、話頭、默照。公案，是指古代禪師們開悟過程的個別案例。在此以前尚無人予以蒐集、整理，到了北宋，首先由汾陽善昭編輯了「先賢一百則」，雪竇重顯編輯《頌古百則》，五祖法演初提「無」字公案，叫人參趙州和尚的「狗子無佛性」；到大慧宗杲努力提倡「趙州無字」，與大慧同時的宏智正覺則首倡默照禪。什麼是公案？什麼是默照？請參閱拙著《禪的體驗．禪的開示》的〈中國禪宗的禪〉。

五、悟是什麼？

關於這一點，前面已提過一些。悟境是如人飲水，冷暖自知，只有曾經悟過的人才知道悟是什麼，而悟的方式和悟的程度又因人而異、因時而異。人的根器有利有鈍，修行工夫有淺有深，對不同的人或在不同的情況下，所產生的悟境就不會相同。不過有一個原則可以衡量自己是否真的開悟。如果入於與我貪、我瞋、我癡、我慢、我疑等心理相應，再大的神祕經驗，甚至你自認已經過一番驚天動地的改變，也不過是一種稱為「覺受」的境界，而不是證悟。當你發悟的當時，如果有喜不自勝的感受，可能是悟，過後即歸於平淡，與常人無異，所不同的是少了自我中心的貪、瞋、癡、慢、疑等心相。如果悟後還有煩惱，那表示可能是小悟，也可能是未悟。悟後至少有一段相當長的時日，心中時時處於萬里無雲，連日月也不存在的情況下，但並不妨礙世間的一切現象，待人接物跟普通人一般正常，甚至更為謙虛。

現在我要指出什麼是假的悟境，也可叫作相似悟境：

（二）輕安境不是悟

用打坐、祈禱、讀誦等等方法，都可能體驗到身體舒暢、柔軟、輕鬆、心境開朗歡愉等，然此並不就是悟境。

開悟。

（二）聰明境不是悟

以修行方法而產生舉一反三、一目十行、辯才滔滔、文思敏捷等，並不就是開悟。

（三）神通境不是悟

神通分為修得和報得兩種。鬼神都有報得的神通，凡夫則能修得神通，包括天眼、天耳、他心、宿命、神足等五種。有神通的外道及鬼神能知過去未來，能神出鬼沒，變無為有，變有為無，能知他人心念。但是有神通並不就是開悟，甚至與悟境了不相干。然而通常的情況是，只要某人有些小神通，就往往被當作聖人來崇拜。其實聖人絕不會時常拿神通來做為教化的工具，經常表現神通的人，多會自詡有高深的悟境，這是不可信的。

附記：本文講於一九八八年十一月十二日哈佛大學燕京圖書館演講廳（Room 2, Divinity Ave., Cambridge）。在講出時，由於時間不足，有一部分備好的資料未能述及。回紐約一個月後，經葉翠蘋居士協助，花了四個多小時為我錄稿，依照當初擬定的大綱並另加入一些內容，而成本文，因此與演講當時內容略有出入。

禪與纏

一、「你、我、他」是誰？

諸位老師，諸位同學，今天的講題是「禪與纏」，我們先講「纏」，然後講「禪」，因為「禪」是為了解決「纏」的問題而有的。

首先介紹四句話：「有受皆苦，諸行無常，諸法無我，涅槃寂靜。」其中「有受皆苦」的「苦」字，便是我們要講的「纏」字。因為被纏，所以有苦；是誰被纏？是「我」被纏。如果有「我」，便不得自在。一般人不知一切現象是「無常」的，故也無法體驗到那些現象之中是「無我」的，於是就被纏繞得脫不了身。

且舉禪宗的兩則公案：

（一）禪宗的四祖道信（西元五八〇—六五一年），十四歲時初見三祖僧璨，便說：「願和尚慈悲，乞與解脫法門。」三祖反問道信：「誰縛汝？」道信回說：「無人縛。」三祖便說：「何更求解脫乎？」道信便於言下大悟。（《景德傳燈錄》卷三）

（二）六祖的法孫——石頭希遷（西元七〇〇—七九六年），一日有僧請示：「如何是解脫？」希遷反問他：「誰縛汝？」僧又說：「如何是淨土？」希遷再度反問：「誰垢汝？」僧更問：「如何是涅槃？」希遷依舊反問：「誰將生死與汝？」（《景德傳燈錄》卷十四）

這兩位禪師對弟子的問話，均用反詰法而不用說明法，看來似乎未曾解答問題，其實是最好的回答，而且是最最中肯有用的答案。所用「誰縛汝？」「誰垢汝？」「誰將生死與汝？」一個「誰」字和一個「汝」字，已經明顯地點出了那個「諸法無我」的「我」字。一般人不知「無我」，所以受苦，又不知為何受苦，總還以為有好多個「他」或許多的「你」，使得「我」在受苦，以致上等之人希望以修行的方法來讓自己解脫，次一等人則求神明保佑好讓自己逢凶化吉，下等之人便怨天尤人而不知何以自處了。

二、觀念和實踐並重

剛才我們從北投農禪寺坐車到貴校的途中，蘇敏偉同學跟我一位出家弟子在談論「如何在實際生活中真正用到佛法？」如果佛法在實際生活中沒有用處，那只是一種知識或表面的信仰而已。蘇同學說：「最麻煩的是感情問題，信佛學佛的人，平常可以講得頭頭是道，一碰到感情問題，就會變得糾纏不清！」請大家想一想：誰纏了誰呢？應該沒有人能纏得住你，除非是自己放不下，就把自己纏住了。

如何解決這個問題？這要從兩方面來著手，一方面要以觀念的理解來疏導，另一方面要用實踐的方法來修持。觀念的疏導，就像電腦裡面的軟體，方法的實踐則像是硬體。如果只有觀念沒有方法是不行的，而只有方法沒有觀念也行不通，所以佛教主張「解行並重」。下面我們先講觀念，再講方法。

三、「纏」有四類

「纏」的問題是「苦」，苦的另外一個名詞叫作「煩惱」。煩惱有很多種，我們可以把它分為四大類：心理的、生理的、倫理的和物理的。

（一）心理的衝突：就是佛說的「生、住、異、滅」的問題，即自我觀念的前後矛盾，以及自我想法的彼此衝突。請問諸位男同學，假如你同時愛上兩個女同學，這時你怎麼辦？除了男女感情問題外，我們甚至去買一件內衣、購一雙鞋子、配一副眼鏡、買一本書，都會掙扎很久。我曾經遇到一位青年，他有了錢準備去買一架照相機，在大街小巷上看了又看，結果沒有買就回來了；第二次又去看了再看，也沒有買。因此每次都向友人借照相機用，人家問他：「你已經有了錢，為什麼不自己買？」他說：「我看了看，都不是我理想中的。我要保留著買最新型的權利，所以我要等等看。」其實他是自我掙扎，拿不定主意罷了。

上個月農禪寺有六個弟子發心披剃出家，看起來好容易，一下子六個人的頭髮通通剃光了。而真的是這麼容易的事嗎？其實他們要出家之前已經掙扎了很久，住進寺院以後還在接受考驗，甚至有人到了落髮的時候仍在患得患失地想：「這樣一條路，就這麼一步跨出去，究竟跨對了沒有啊？」

另外，我想請問在座諸位之中已經結過婚的同學，當你們結婚的時候，是不是輕輕鬆鬆地一步跨出去就結了婚呢？或者是考慮了又考慮，掙扎了又掙扎，才決定跟你的另外一半結婚的呢？

（二）生理的麻煩：就是佛所說的「生、老、病、死」的問題。我們的身體是從「生」而有的，生下來以後，每一秒鐘都在生死交替中。諸位都知道新陳代謝嗎？新陳是有生，代謝是有死。所以新陳代謝是一種生老壞死的正常現象；不過人們將身體生命結束之時叫作死亡，身體局部細胞的生死變化叫作新陳代謝。實際上，細胞死亡也算是死。吃了五穀不害病的人從來沒有，不管是小病大病，有了病，就是麻煩，就有痛苦。

（三）倫理的關係：一般將人間的聚散無常稱為「悲、歡、離、合」。諸位不要把人類的倫理關係僅僅只限在君臣、父子、夫婦、兄弟、朋友等五倫的範圍，廣義地說，凡是人與人之間的依存交往都是倫理關係。夫妻離異、兄弟鬩牆、父子反目、君臣相背、上下失序等，都是倫理的悲劇。還有兩代之間觀念的差異也會帶來麻煩，現代人叫作「代溝」，但並不是時下才有的問題。加上國家民族的歧見、宗教信仰的異端、政治思想的對立、工商利害的衝突等，無一不是煩惱的淵藪。總之，人間的歡樂時光是極有限的，彼此之間打得頭破血流固是苦事難事，細微的摩擦也不是好受的事。

（四）物理的異動：佛說的「成、住、壞、空」，即指天體星球的自然現象。但因其時間過程相當長遠，我們不易察覺。而與我們切身的物理現象則包括天氣的風、雨、水、火、乾旱及蟲害，帶給人類的問題；尤其是現代人的衣、食、住、行以及空氣汙染、環境衛生、自然資源日受破壞等等的問題，隨時隨地在困擾著我們。

現在回過頭來再問：為什麼會有這些問題？依據事實而言，是因為有了個「我」的關係。所有心理的活動，都是「我」的運作，比如我們每一個人都有意見、思想、觀念、喜怒哀樂等，無一不是這個主觀的「我」的表現。

心理如此，生理的問題也是一樣。若有人指著你的身體問：「是誰的？」你一定會說是「我」的。

倫理關係的主動與被動，也都是你的「我」、我的「我」、他的「我」在牽動。至於物理的世界，是「我」處的環境。粗看環境不是我，而是與我對立的「它」，所以它既能益我也能損我；能使我痛苦，也能使我歡樂。若依佛法而言，我們的身心是正報，身心所處的環境是依報，都是由於我所造業而感得的果報。肉體是我的小衣服，環境是我的大身體。為了「我」而用身、口、意三業，製造了種種善惡的業因，再由另一生的「我」來接受身心的、環境的果報，實在是自作自受。

四、無常與無我

若要解決這個「我」的問題，便得先從觀念上了解什麼叫作「無我」才行。依佛法來觀察，「我」是不存在的，剛才所說的四句話中的「諸行無常」，是說一切現象（諸行），都不是永恆不變的，故名無常。心理的生、住、異、滅；生理的新陳代謝，或生、老、病、死；倫理的悲、歡、離、合；物理的成、住、壞、空，既然四類現象均在變異不已，由此四類現象所代表的「我」，當然也不是實有的了。

所以懂得了「諸行無常」的道理，便也能夠明白「諸法無我」的意思了。因為無常，所以無我。若知無常，即明無我；若證無我，便得解脫。相反地，如果尚是障重的凡夫，則正因為不能忍受諸行無常，所以是苦。這是兩個相反的方向。生、住、異、滅是苦，悲、歡、離、合是苦，生、老、病、死是苦，成、住、壞、空也是苦。有人說「人老珠黃」，為什麼？無常嘛！人活久了會老，珍珠擺久了會變黃。世界上的東西都會變化，都會折舊。雖然修行的人修得愈久愈好，朋友也是愈老愈好，但是大家的身體一定是天天都在折舊之中。秦磚漢瓦等骨董的值錢，是物以稀為貴；有道的高僧愈老愈受人尊敬，也是因為修行的高僧太少，不是因為東西久了和人老了的緣故。一般的老年人，不僅自己覺得老得很苦，他人也不會認為愈老愈好的。

五、寂靜與不動心

為何無常便是苦？雖知無常的事實卻無法接受無常的事實，便成為苦。例如親人的辭世、情人的失歡，是最苦的事。假如有人發生了這種事，而你去告訴他：「一切是無常，看開點，別難過。」他一定會說：「無常是無常，我還是受不了啊！」這個就是苦。

因此，僅僅曉得無常、無我的道理，尚不能真的離苦，要到實證「涅槃寂靜」才能離苦。所謂「寂靜」是不動，是無我可動的意思；沒有我的動作，沒有我的存在，不做自我追求，不求自我價值，不求自我表現，那便是無我。涅槃寂靜，不是一般人所謂一點生氣也沒有的死寂狀態，乃是我雖不動，而不妨一切都動；我雖沒有，而不妨一切都有。

凡夫眾生是因業力而有生死煩惱的苦，菩薩是以願力在苦海中度眾生，都不寂靜，也沒有涅槃。那要到什麼時候才能達到寂靜和涅槃？小乘要到阿羅漢，大乘要到第八地菩薩階位時。第八地叫作「不動地」或「無功用地」，什麼不動？沒有「我」在那邊動，所以叫作寂靜；無功用就是沒有要做什麼，即不以業力做為生死的活動，也不以生死中有眾生可度，故不必再以發願來度眾生。到了這個程度的人，能夠以佛的身分來度化眾生。這個時候對眾生來講，他們是存在的，而對他們本身來講則是不存在。

六、去惡行善

成佛要歷經三大阿僧祇劫，修了兩大阿僧祇劫才能夠進入第八地。通常的修行法是要循著「戒、定、慧」三學以進。「戒」是「諸惡莫作，眾善奉行」，也就是說，壞事雖小卻不可以做；好事雖小也應該做。「定」通常有九個次第，前面八個是和外道共通的，叫作四禪八定，就是色界四種和無色界四種；此是三界的定，還未得解脫。迨臻於阿羅漢修證的第九個滅受想定，完成無漏的解脫慧，而出三界生死。「慧」可分作有漏和無漏兩類，所謂有漏慧是有我的，譬如說：我們承認並且相信無常是事實，觀念上也能接受，可是一旦遇到成敗得失或生離死別之際，還是無法以平常心來接受那樣的事實。一定要獲得解脫時的無漏慧才能起作用，這要到小乘初果、大乘初地，才能顯現一分無漏慧；至小乘四果、大乘八地以上，純無漏慧才會出現，所以稱為漸修法門。

七、安心與不思善惡

所謂頓悟，便是不需經過三大阿僧祇劫的次第，即以凡夫的身分達到無漏慧的目的。這就是「禪」的方法。現在試舉幾個例子：

（一）慧可無心可安：當菩提達摩面壁九年之後，慧可去求達摩祖師安心。慧可以為他的心很亂，應該先求一個安心之法，然後好好修行。可是菩提達摩沒有這樣做，就是不睬他、不管他，讓他一直站在洞外。慧可只得很有耐心地一直等待下去，終於亂心不亂，妄心也停了！這個時候，菩提達摩來看看他，慧可覺得機會來了，再跪下來乞求安心之法。菩提達摩便對他說：「好，你既然叫我替你安心，就把你的心拿給我，我來替你安吧！」慧可禪師驀回頭，找他自己的心，竟不可得，結果只好說：「我看不到心！不知道心在哪裡。」達摩祖師說：「我已經替你把心安好了。」

這個故事看起來好像很容易，弟子請求安心，老師反問心在何處？弟子覓心不見心，老師就說已為弟子安了心。如果我們現在也照此模式演練一下，能不能得到相同的效果呢？保證不會。為什麼？因為那時候的慧可已經到達心無所緣的程度，若不經達摩點破，他還是不知道，可能還要找心安心，當達摩要他把心拿出來時，才發現「覓心不可得」。實際上這便是找「我」而「我」不可得。平常以為的那個「我」，就是那些亂心、妄心所串連而成的幻影。

不妨請諸位查一查自己的心看看，如果仔細查看的話，便會發現我們所謂的心只不過是前念與後念的關係，這種關係的持續連結，就構成了「我」的觀念和「我」的執著。但此念頭常常在變動，當然沒有一個是一成不變的「我」了，能夠理解到這一層，也就可以理解到慧可所說「覓心不可得」的意思所在了。可是這個還是觀念上的，而當時的慧可，實際上已能夠見到自己「無心」的境界。

（二）惠明不思善惡：當六祖惠能大師得到了衣缽，渡江到大庾嶺之際，被一個叫作惠明的出家人追上來搶衣缽，想奪回禪法的傳承，這時惠能把衣缽放在石上，結果惠明拿不動衣鉢，便說：「我不是來搶衣鉢的，實是為了求法。」惠能就告訴他：「你既然是為求法，我告訴你一個方法：你不要思善，也不要思惡，你把心裡面所有的問題通通擺下，然後再看你的本來面目是什麼？」這一個「本來面目」，是指離開生老病死、生住異滅、悲歡離合、成住壞空等四種現象之後。這個本來的「我」究竟是什麼？其實離開這四種現象，不可能再找到「我」了，因此惠明照著六祖大師的話去做，結果發現本來面目是什麼了。因為除卻了我的執著，便是悟境的顯現。

八、應無所住

以上所舉兩例，都是禪的頓悟法門，可能有人要問：「頓悟法門，是不是不要修行？」也曾經有人問我：「惠能在沒有修行之時，一聽《金剛經》就開悟了。這種例子是否非常普遍？」事實上，惠能大師在聽《金剛經》之前，是一個打柴的樵夫，那個階段他雖沒有從事打坐、禮誦、念佛、持咒等的修行活動，可是他曾一斧又一斧地砍伐木柴，一根一根地撿起綑好，一步又一步地把柴背負到市上去出售。做這些事時他都能夠身心一致，平常他的心念已能靜如止水，故當他一聽到「應無所住而生其心」的《金剛經》經句時，便馬上開悟了。

應無所住的「住」，是「我」的另一種表達方式，是執著的意思，所以「無所住」，就是無我。「無住」而「生心」，是說雖不執著於主觀與客觀的一切現象，可是並不否定那些現象的起起滅滅。不是關閉見、聞、覺、知，而是對於一切接觸到的事物，不起瞋愛等的煩惱。因此，這個「心」就不是愚癡的妄心，而是無漏的慧心了。

九、婆子燒庵

在《五燈會元》另有則「婆子燒庵」的公案：過去曾有母女兩人長期供養了一位非常用功修行的禪者，有一天，那位母親派她的女兒送飯給那個禪者時，告訴她的女兒：「你今天送飯去的時候，把禪者好好地、緊緊地抱一下。」女兒照著她媽媽吩咐的話做了，禪者沒有任何反應。第二天這個媽媽自己送飯，並且問說：「師父啊！昨天我的女兒抱了你，感覺如何？」那個禪者的回答是：「枯木倚寒崖。」這位禪者把妙齡少女看成枯木，把他自己當作寒崖，結果老太太拿起掃把來對這個禪者說：「我沒有想到供養錯人了，你請滾啦！」便把禪者給攆走了，而且放一把火將那間草庵燒了。

為什麼婆子要趕走這位少女送抱而不動心的禪者？因為他尚未得智慧心，他有定的工夫，但還沒有解脫，他如果真正是個徹悟了的禪師，見到女孩子就是女孩子，怎會變成枯木？禪者自己是人，怎會變成寒崖？

通常有人說，禪修的過程有三個階段：1. 尚未修行之前，見山是山，見水是水；2. 精進修行之中，見山不是山，見水不是水；3. 開悟以後，見山還是山，見水還是水。那位禪者把少女投懷看作枯木倚寒崖，既不是常人的心境，也不是徹悟者的心境，乃是正在精進用功的層次。那位婆子逐僧燒庵，看來唐突，其實正是禪家逼人上路的最佳方法，即是頓悟法門。

一〇、平常的工夫

如何達成頓悟的目的，首先要在日常生活裡，時時刻刻注意自己的舉手投足與舉心動念，不僅生活得清清楚楚，而且經常要在穩定、平衡、輕鬆的心態下努力不懈。如何做到這種程度？就是當你無論做什麼事或面對什麼人的時候，首先放下瞋、愛、得、失的自我觀點，然後實事求是、就事論事地從事各項活動。例如你煮飯，乃至你打掃、睡覺、讀書、工作，都全心全力以赴，若能胸中無私，加上心無二用，就是禪的平常工夫。將此工夫持之以恆，則縱然不能頓悟，已是快樂之人。

不過這種工夫也不是想做就能做到的，一般人碰到單純的事和普通的人，大概還能用平常心來對待，如果遇到親情、愛情等的情感問題，或遭到財產、名譽、地位等重大的得失關鍵之際，就不容易用平常心來處理了。所謂平常心，就是在日常生活中看慣、聽慣、受慣、做慣的心情，要以慣常的心境來處理反常的一切現象，而對任何不得了的天大事情，能夠當成平素的家常事來接受它、處理它。

二、介紹三種方法

平常心就是禪修者的慧心，實在太好，可是相當難得，因此需要使用方法使情緒化的心境淨化平衡。最實用而簡便的方法就是雙手合掌，然後用你的兩眼看著你兩手中指的指尖，專注地保持這個姿勢，三十秒至一分鐘之後，你的心緒自然平衡下來。

另外一個方法是注意你的呼吸，留心出入於鼻孔的氣息，也能平息你的情緒。

還有一個辦法是念「南無阿彌陀佛」，或念「南無觀世音菩薩」的聖號。念阿彌陀佛及觀世音菩薩，不僅身後能夠往生西方，也能為現世帶來平安和好運。

這些都是修行平常心的方法。這些方法能使情緒平靜的原理，便是移情作用，即是從用合掌、看呼吸、念聖號等專注的念頭，來代替那些使你的情緒波動的心念。如果經常這樣做，就能經常保持平穩和諧的心境。好像為了讓建築物免遭雷擊，就得預先裝置避雷針一樣。

如果經常使用上述的方法紓解不平衡的情緒，有一天當你的工夫純熟的時候，猛然間反問自己：「我的本來面目是誰呀？」「合掌的是誰呀？」乃至「念佛的是誰呀？」其中的任何一問，都有可能使你頓悟三世諸佛本來就是與你同一鼻孔出氣的。諸位想不想頓悟啊？想！既然想，就請從經常保持平常心開始。

二、問答討論

問：請問法師現在已經到什麼樣的境界了？

答：現在很清楚地告訴你，我到我現在這樣的境界。

問：我們畢竟是生活在這麼現實的世界裡，各種紅塵的聲音都隨時在激盪著我們，要怎樣才能克制自己不受影響？

答：我剛才講過，先要有理論的觀念來疏導，然後要有修行的方法來實踐。一定要有理論配合方法來做。有了理論方法，才是正確的實踐方法；要以方法來實踐理論所指引的目標，才是有用的理論觀念。講理論雖然也能夠疏導自己，可是僅僅講理論、觀念，可能沒有辦法解決你的根本問題，所以必須要有方法的實踐。

問：請問法師，就像法師所講的，我們這個世界這麼亂，世間這麼無常，除了有個人的心理、生理的問題，還有種種人與人之間以及環境的問題，那麼請問法師，我們這個世界還有救嗎？

答：如果世界沒有救，我今天就不來做這次演講了，因為世間眾生（人）都有得救的可能，所以我來演講佛法。不要那麼消極、悲觀，世間的情形就是這個樣，所謂亂、無常，這是正常的現象，如何從這個正常的現象之中使得我們少一點麻煩，少一點衝突，少一些痛苦，這就要用方法、觀念來教育、訓練，來解決這些問題。

問：為什麼打坐對我們的內心有用，難道說外在的行為可以影響我們內心的活動？

答：一定有用，內與外是可以互為體用的，雖然打坐看起來是外在的行為，但是如我們心裡不願意打坐，大概也不會產生打坐的外在行為，打坐的時候也不能坐得很好。如果心裡願意打坐，就坐下去，結果就能夠使我們的心漸漸地平靜下來。還有打坐之後，能夠調整身體內分泌，使我們的消化系統和循環系統更正常，連帶使我們的心理受到影響而調整。

（一九八八年九月三十日講於淡江大學正智社）

悟與誤

今晚先分五個部分來談悟：第一，什麼是悟；第二，悟的種類；第三，悟的層次；第四，悟的現象；第五，悟的方法。

一、什麼是悟？

我們先說什麼是悟。一般所說的悟是理解、啟發、醒覺、相對的意思。所謂理解就是過去不知道的，現在知道了。可能諸位小時候都有被人捉弄的經驗；例如有人在你背後把你的眼睛一蒙，叫你猜是誰。你呢，是怎麼也猜不著，等到對方一放手，你掉頭一看，便說：「啊！原來是你啊！」這就是開悟。啟發呢？是旁敲側擊地讓你了解，對於你不知道的事，怎麼解釋你也不懂時，用一種比喻或其他方法，讓你從另外一面去想像那是什麼東西。醒覺呢？本來是懵懵懂懂、糊里糊塗，但是一旦有人提醒你，你會恍然道：「哦！原來是這個樣子啊！我過去不知道，現在知道了。」一相對呢？就是互相面對面。有人是對面不相識，相見不相認的。諸位大概有過類似經驗吧！在四個月前，發生一件很有趣的事，就是前任的臺北市長楊金欉先生，他想皈依三寶，結果他太太的閨友是我的皈依弟子，楊市長也就決定來北投皈依。皈依儀式結束後，我請他到客廳坐。他看到我客廳掛的字上寫有「聖嚴法師」，才驚奇地叫道：「啊！你就是聖嚴法師。」

佛教中所說的悟，從大乘經典而言，例如《楞嚴經》中說到，迷的人正是在迷的路上走，而悟的人是從迷中得悟，要靠有人指示他如何轉迷為悟。《法華經》的〈方便品〉則說：諸佛世尊示現在世間一定是有原因的，是什麼原因呢？就是要使眾生開佛知見，使眾生得到究竟清淨，使眾生知道佛的知見是什麼，最後，使眾生進入佛的知見。因此天台宗說：佛出現世間是為了四個字，就是「開示悟入」；開眾生的佛知見，示眾生的佛知見，使眾生悟到佛的知見，然後進入佛的知見。佛教裡將法師說法叫開示，也就是此意。我今晚在這兒也可以說是開示，開示諸位的佛知見，而使諸位能悟入佛的知見。從《法華經》的定義來說，所有的佛法都在於使眾生悟入佛的知見。佛的知見是什麼呢？是無我相、無人相、無眾生相、無壽者相。無相就是實相，就是無我的意思，也就是無執著的意思。

另從禪宗祖師們而言，例如佛眼禪師曾說：「迷者迷悟，悟者悟迷；悟者知方向，迷者以南為北。」迷悟其實是同樣的東西。可是迷的人總是放不下、丟不開、捨不得，而悟的人覺得一切都非常自然。貪是不好的，貪心是一種煩惱，特別是貪財。其他像貪睡、貪利、貪名、貪色、貪地位等，只要是貪任何東西都是不好的。有人問我，如果說要錢即是貪，那我不是不要做生意了？而佛教不也在鼓勵人布施、鼓勵人做功德，這是不是也是貪呢？我說，如果寺院收的錢進了我的口袋，由我私人支配來用，那就是貪。如果這錢拿來維持寺院的種種活動，而這些活動都是為了弘法、為讓眾生得益的，那就不叫貪。又有人問：我們公司賺了錢拿來回饋社會，我們經營的事業也是為了大眾的利益，那也叫貪嗎？我說，當然不是。因此，凡是以自我為中心所追求的一切叫貪，並非為了個人、自我而做的任何事就不叫作貪。禪宗祖師們說的悟，是指悟到我們不必要執著以自我為中心，所以能夠放下一切。能夠放下的人才是有擔當的。也就是說愈能夠放下的人，他的心量愈大，那他的悟境也就更高深了。

二、悟的種類

至於悟的種類，可分為世間的悟與佛教所說的悟。首先來看，世間的悟可分二類：靈感的啟發、神示天啟。所謂靈感，是說詩人、畫家、小說家藉以來創作的靈思。有一次我在美國碰到一位畫家兼攝影家，他正在看一片樹葉，有一片枯黃的葉子掉在地上，還有被蟲咬齧的痕跡。後來他拍攝那片葉子。我問他樹葉有什麼好看？他說：「我看到了宇宙全體的原理，我看到上帝來跟我說話，也看到佛在裡面說法。它這裡頭有完整的美，也有殘缺不全的美。我看到整個自然界的發展史，我簡直可寫一本很厚的書來寫今天的發現。」諸位有這種經驗嗎？還有次我看到一位詩人在觀察螞蟻上樹，見他眼神跟螞蟻上上下下，不斷爬來爬去。我問他到底在跟蹤哪隻螞蟻呢？他說他在看牠們的總司令。我聽得呆了。這只是藝術家們的觀察和聯想，事實上並不一定是那樣。我們來看看，臺灣洪通的畫。洪通畫的畫裡，人的頭上可以長花，花的上面可長出人，就像樹上有鳥，鳥的頭上也可生出樹，這是他的靈感。我又遇過一個小男孩，他躲在桌子底下，我問他在幹什麼？他告訴我說桌子下面有好多人。我一看根本沒人。他指著桌子的腳、椅子的腿還有桌子的紋路給我看，說這是誰、那是誰，並說：「我的爸爸就像這個樣子。」

接下來我們談神示天啟，這可以說是民間宗教信仰的一種現象。諸位是否見過被鬼神附體的人？有很多人曾經看過。例如臺灣的劉和穆事件，還有一位目前住在西雅圖的某活佛，他原來住在臺中，也是這樣的人。他們是以聲音、光影等異象來顯現，讓你感覺到他是個開悟的人，他們自己也說他們是大徹大悟的人。現今有很多佛教以外的外道人士，都用這種方式來表示自己是開悟的人。或是用感情來打動人的，或是非常浪漫、藝術的，但並不是真正的悟。若靠鬼神的力量而自認為是開了悟，那是在說鬼話、神話，這個人就沒有開悟了。但是不開悟並不表示沒有作用，我們並不是說藝術、學術不好，或說民間信仰沒作用。

至於佛教的悟可分三種：信悟、解悟、證悟。信悟即因很虔誠地信仰佛菩薩、三寶，而得到諸佛菩薩的感應、護法龍天的加持，使得信心很肯定。當我是個小沙彌的時候，剛出家，讀課誦背不出來，後來我師父要我每天早上在大家未起床時先到觀世音菩薩前拜五百拜，他說這樣就會聰明，就會很快背出課誦。我就依言拜了三個月，突然間我就聰明起來了，背課誦背得很快。諸位我是否開悟了？當然沒有，但也可以說開悟了。這是觀世音菩薩給我的加持，使我的業障消了，不再笨笨的。這種說法好像很玄，好像一貫道裡給你五個字，如「無太佛彌勒」，並先給你在眉心點一點。嘿！你就真的變得聰明了。啊！不能說他們是邪說，他們好像真有名堂。

然而，佛教和其他民間宗教信仰的神示、天啟所以不同，在於佛教有佛法做為指示、標準，我們雖有感應或加持，卻不會說自己已是佛、是大菩薩，或說自己已大徹大悟。但外道的人會這麼說。

解悟是看了佛經、佛書或聽了佛法，對佛法生起信心而產生理解的作用。認為佛法不可思議，是世間最好的法，也因此有了悟。佛經裡說解悟如數寶，是數別人的寶，如在銀行裡工作的職員，數的是別人的錢。因此在有修有證的人看來，講經說法的法師只是在數寶，只有解悟而沒有證悟。因此當我要我的弟子代我說法時，我的弟子就謙虛地說：「師父啊！我們未開悟，如要我們去說法就是在數寶啊！」我說銀行不是也需要職員嗎？所以你暫時數寶吧！也有人問我是否開悟了，我通常會說我不知道。那人便會問我說既然不知道自己是否開悟，怎麼可以來說法呢？我說我只要讓別人開悟就好了，我開不開悟沒關係。這也就是說，我自己沒錢沒關係，只要幫你們數錢就好了。所以，解悟也是悟，也是要說給別人聽，進而去修行的。

至於證悟，指親自體驗到佛法根本的原理，而如法修持，修戒、修定、修慧，一一破除貪、瞋、無明，乃至大徹大悟。證悟分大、小乘兩種悟。小乘的悟是悟到自己不存在，因為我們的生命是無常的，身體也是無常的，那就了解到自己原來是無我的，也就不會有任何的執著，即沒有所謂的貪瞋癡。小乘的悟只是悟到自己生命的無常，未能悟到諸法的本身也是不存在的。因此小乘的悟把生死看作很可怕的事，所以要離開生死，進入涅槃。大乘的悟則更深一層悟到生死這樁事的景象也是空的，所以他不執著生死，或離開生死這個問題，而還以大悲心在生死之中自由地來往。離開生死，並非逃避人間、逃開三界，而是不受三界的束縛、生死的困擾。例如世上沒有一個國家沒有監獄，犯了法的人進入監獄後便不自由了，所以犯人渴望出獄，並且出來後不希望再回去。這種情形如同我們凡夫需要修行，修行後離開三界，三界如牢獄，出了三界便不希望再回去。這是小乘的悟。但大乘的菩薩不怕進監牢，大乘菩薩當然不會因犯法而進監牢，而是要進去弘法，所以是來去自如的。

三、悟的層次

接著談悟的層次。唐朝圭峰宗密禪師說，禪的修行共有五種，第一種是外道，因為他們執常執斷，欣上厭下。所謂常是認定自己從神的根本來，又將回到神的裡面去，並以為自己將來也會是最高的神（常見指多神教、一神教等非佛教的宗教，不論他是相信永遠的靈魂或永恆的上帝）。斷則是指無因無果論，通常反對、或沒有宗教信仰的人會持斷見。各位會懷疑，沒有宗教信仰的人還會修禪定嗎？會的。現在有很多人練氣功、太極、靜坐等，但是他們不一定和宗教有關係，他們只是希望讓身體健康、心情平和。這就近於斷見的外道。古代的祖師說，寧可有常見如須彌山，不要有斷見如芥子許。佛法雖認為斷見、常見皆是外道，但以一般而言，有宗教信仰的常見總較唯物論的斷見更注重道德。

第二種是修禪定的凡人，雖是正信因果，但仍有執著。他們執著禪定快樂與安定，所以非常注意禪定，認為禪定就是解脫。其實，如執著禪定就是貪執於禪定，就不會出三界。第三種是悟得我空的小乘，那就得到解脫境，即不以定境為自己執著的地方。這要消除了貪執於定的念頭才能超出三界。第四種是悟得我法二空的大乘。第五種是頓悟自性，發現自己的心與佛無二無別，此是最上乘。

有位禪師說他曾大悟三十六次，小悟不知其數。可見禪宗的悟，不是一次就能把所有問題解決。所謂大疑大悟，小疑小悟，不疑不悟。疑就是追究，即參禪。禪宗有個公案，趙州禪師的一個弟子問他：一切眾生皆有佛性，那狗是否有佛性呢？禪師說沒有。他的目的是為了要破弟子的執著。他知道弟子明明知道眾生都有佛性，卻偏偏問他狗是否有佛性，他說沒有之後弟子就麻煩了。因為在禪宗裡，弟子要聽師父的話。這時弟子就會苦苦追想為什麼師父說狗沒有佛性。

到宋朝時，大慧宗杲禪師要其弟子們參「為什麼狗沒有佛性？」結果一夜之間使十三人開悟。諸位請用此法看看，看能有多少人開悟。（此時會場觀眾有人問：「狗為什麼沒有佛性？」聖嚴法師說：「你問了就開悟了嗎？但有時一直問下去會成為神經病呢？」眾笑。）既然大疑有大悟、小疑有小悟，所以悟一定有它的層次。凡夫見性是悟理，很多人以為禪宗說的，悟後很多事皆能解決，其實這是不一定的。

我們分三點來說：第一是親自見到自性與佛性是無分別的，這是見性，禪宗叫破參。也就是問狗為何沒佛性，突然間明白了為什麼老師會如此說法！可是見到自己的本性就是佛性，並不等於就是佛。如同我們看到山，還未爬山。第二是悟後起修，就如見到了山，而向山上爬，因為見性後就離開常見與斷見兩種邪見，一定能夠對佛法正信不退，努力修行。他的煩惱必定還存在，他必須繼續修行。第三是聖位的悟，是體驗到實相就是無相。禪宗有三關之說，第一叫初關，就是破疑團見佛性。第二關叫重關，即前面所說大悟小悟不斷。第三關叫牢關，直到最後破牢關，才是真正出三界，能夠證道，得無生法忍，而能生死自在。

四、悟的現象

悟的現象可分兩種，第一類是通常的現象，第二類是特別的現象。通常的現象只要修行就能得到。這也分兩類，第一類是覺受，即感覺到自己有受用。比如說「輕安境」，我曾有位戒兄在念拜觀音菩薩時，突然覺得渾身輕鬆自在，他一邊拜一邊走，後來愈走愈快——走了二十多公里，這時他覺得累了，才發覺他沒有在拜觀音菩薩而是在走路。這種情形是輕安境。但是當他感到累時，他發現世界跟以前不一樣了，他的心情在輕鬆中有安定感，眼見世界所有東西都是清淨的，他以為他已開悟了。若沒有人指正他，他會以為他已經開悟了。接著還有「聰明境」，有位法師打坐，幾天後突然詩興大發，竟在一個晚上寫了四百多首詩偈，且詩句非常優美。這位法師認為他開悟了，否則怎可能在一夜之間寫出四百多首詩呢？但這不是真的開悟呢！有一種叫「靈敏境」，有個人說他在打坐時能聽到螞蟻打架的聲音。有回當他打坐，好像聽到兩頭牛在打架，睜開眼並未見到牛，而是發現兩隻螞蟻在地上打來打去。我在美國時曾遇到一個緬甸人，他是位化學博士，向我學打坐，兩個星期後他就不來了。經過三個月之後他又來了。我問他說為什麼這麼久沒來，他說：「我不必來啊！因為我在家裡打坐時就可以看到你。我問你什麼，你就告訴我什麼，所以我不必走一趟就可以跟你學打坐啦！」我心裡好奇怪，究竟是他來了？還是我去了？（眾笑）若是別人遇到這種情形可能會沾沾自喜，以為自己成佛了。可是我只對他說：「你入魔了，你有麻煩了。」其實這些都非開悟，若你當成是悟，只不過是「誤」罷了！

通常現象的第二類，則如「見山是山，見水是水；見山不是山，見水不是水；見山還是山，見水還是水」，這也不是真正的開悟。第一種情況見山是山，見水是水的情形是還沒有修行的時候。第二種情況是太用功了，忘記外在的環境。第三種情況可能是他不用功了，又意識到外在環境了；但也可能是真的開悟了——如今你不再執著山水，不像在開悟前對山水有所執著，有所不捨。

至於悟的特別的現象，是指未悟之前如喪考妣，悟了之後更喪考妣。未悟之前因為自己未明白大道理，心裡非常難過，覺得要特別努力用功；悟了之後，又覺得責任重大，眾生太苦，所以更要積極努力普度群生。或者是未悟之時僅止於修行，悟了之後，沒事可做也無事不可做。譬如過世才三年的廣欽老和尚說：「沒來也沒去，沒什麼代誌（事情）。」即悟了之後啥事都沒有。這是指他開悟後，虛懷若谷如凡夫一樣，但他的慈悲、智慧和凡夫是截然不同的。沒有什麼事可做，什麼事也都可以做，只要是度眾生的事。

五、悟的方法

接著說第五點悟的方法，這有三種：第一種是漸法，是慢慢修行的方法；第二種是頓法，是一下子就開悟的方法。漸法又分三個階段，就是由散心到專心，由專心至定心，由定心至慧心，也就是開悟。不一定要透過打坐或參禪，只要念佛拜佛時能專修，也可以通過這三階段達到開悟之境。頓法就是不用任何方法，只是一直坐或者一直參問一句話頭。第三種方法是念佛。其實念佛是最好的方法，人人都會念佛，只要稱念南無阿彌陀佛，就可以從散心念佛直到一心念佛，最終獲得念佛三昧，必定開悟。如果念佛而不開悟，我們求阿彌陀佛接引，發願往生西方極樂世界；因此念佛是最容易、最可靠的。如果我們念佛能開悟最好，不能開悟的話，阿彌陀佛也會在我們臨終時來接引我們，到西方後再精進修行而開悟。

最後，要告訴各位的是，悟是要靠每個人自己來修行的，不要指望以取巧的方法、或請其他人給你一個咒語、或加持就可開悟，這是不可能的。如果有此類事情發生，這仍是屬於世間的悟的層次，不是真正的悟。我們要有這樣的正知見，不然就會被它所「誤」，而不能夠真正的「悟了」。

（一九八八年八月十八日講於臺中市中興堂，本文轉載自一九八八年九月二日《臺灣日報》第八版）

情與理——如何處理複雜的人際關係

常聽人說：「這個人不錯，心地很好，但是和人相處得不好！」請問諸位，這樣的人算不算好人呢？

就他個人來說，他是好人；對社會來說，他只是「半」個好人。特別是佛教徒，如果與人處不好，就不能發揮淨化社會的功能。因此，今天我要和諸位談談「情與理」，探討人與人之間的關係究竟要怎樣建立，才會比較和諧。

一、情與理的定義

何謂情與理？主觀的態度是情，客觀的態度是理；自私的觀點是情，公平的觀點是理；為個人求、為目前求是情，為大眾求、為千古求是理；有所為而為是情，無所為而為是理。

情，維繫人間的活動與存在，它好比是潤滑劑，使人活得更有意義。但是，從學佛的觀點來講，我們必須要一層一層地把情化解，進入理的狀態。所謂「主觀的態度」，便是不管他人的想法，不設身處地為當事人想，只在乎自己的想法、看法，這叫作「情」。反之，處處為他人著想，要求自己把自私自利的心理和行為漸漸減少，即是「理」；為自己設想的時候，也同時要協助他人得到利益、得到幫助；好比是在同一條船上，我們把船的性能改良好、維修好，讓船上所有的人都能早點到達安全的地方，而我們本身就在船上，也一定會到達安全的彼岸。我們的心量愈大，幫助的人愈多，自己所得到的進步與成就也愈大，所以，雖然不為己，結果得到最多利益的是自己。這種方式叫「無所為」，卻是最大的有為。

二、情與理的類型

「情」可分成五種型態，即男女之間的愛情、親子間的親情、朋友間的友情、施和受的恩情、修行者之間的道情。五者當中，前四項是為「俗情」，第五項則是「法情」。因此，佛教給眾生一個名稱，叫作「有情」。

首先，我們討論男女間的愛情。請問諸位，男女間是不是也有友情和恩情呢？答案是肯定的。可見，男女之間不一定只有愛情。以學佛人來說，男女夫妻之間也具備了道情。另外，中國人一向的觀念裡，以為父母和子女之間，只有親情和恩情；可是在現今的社會，在西方國家，人們把父母也當朋友看；同時，親子之間也一定有愛情——父母對兒女的愛，兒女對父母的「敬」加上「愛」。當然，朋友之間除了友情外，也是有恩情與道情的。而在施與受之間，有些人只是單純地為布施而布施，絲毫沒有想到要施「恩」給人，這種人我們可以說他是「無我」的布施。

我在日本留學期間，沒幾人幫忙我、供養我。但是在瑞士，有位我不認識的施主，他定期寄錢給我。我問他：「你希望我為你做什麼？你希望我怎樣回饋你？」他回答說：「我對你無所希望、無所期望，也不希望你回報我。但願將來你有能力時，也去幫助人。」像這樣就是道情。所以，用佛法、財力、體力去幫助任何人，使他能得到佛法的利益，即是道情。

其次，我們談到「理」的類別。從常識上或從佛法的觀點來看，「理」可分成下列六類：物質的定理叫「物理」；身體的組織叫「生理」；心念的軌跡叫

「心理」；人際的範疇叫「倫理」；哲學和宗教的「真理」；真如或理性，即佛教所講的「本地風光」。

（二）物理

昨晚，幸運地颱風沒有來襲。今天早晨，還有些風勢，天微微下著雨。有人對我說：「師父！您第一天講經，颱風就颳起來了，多討厭！」我說：「它颳得有道理，颳風一定有原因。既然是有道理、有原因的事情，我們不要埋怨它。」

二年前的某一天，我坐一位居士的車要去訪問一個地方。當時，雨勢很大。那位居士說：「希望我們下車時雨能停止，不要讓師父淋到雨才好。」我說：「你好自私哦！為我一個人，你叫它不下雨。」但也奇怪，我們將到目的地時，雨突然停了。那位居士好高興說：「這是您的福報，不下雨了。」我說：「阿彌陀佛！這不是我的福報，叫它不下雨就不下雨。如果，此時天氣乾旱，正需要下雨，我來了就不下雨，豈不是害了很多人？所以，這是『應該』不下雨，不是因為我來了。」這個例子是說，世間任何現象都有它的原因。做為佛教徒，如果我們說某大德到某一地方就不下雨，走了以後就下雨，這是外道，不是佛法，因為佛法是講因緣果報的。

（二）生理

我們的身體和機器一樣，不要過分用它，也不要過分不用它。機器如果每天使用，可能很快就報銷了，所以一定要適時休息、潤滑與維修，這樣才能用得久。我的身體從來沒有好過，一向都在生病，但我每天都在動。很多人勸我要休息，我說我這機器不能休息，一休息就會生鏽。但是，有時候非常忙碌，有人還要見我、和我談話，我一樣見、一樣談話，並利用時間休息。例如有人問我：「頭痛怎麼辦？」我說：「沒問題！除了看醫生外，你念觀世音菩薩就好了。」他講了半天，我只講一句話，他就高興地接受，他的問題就解決了。

（三）心理

我們心裡的念頭常常像野猴、像野馬，所以叫「心猿意馬」。但是，如果能夠找到理路，了解心念起滅的原因，便不會為心念的心猿意馬而煩惱。

現在有許多專業心理醫師，可幫助人將心裡的念頭產生的原因做分析，並找出解決的辦法，使得心理有問題的人，得到一時的安慰與治療。但是，這種方式只能治標不能治本，「理」清了以後，心還是會亂。

佛法的觀點，卻能正本清源。首先，它告訴我們須清楚心裡的煩惱是從哪裡產生（說起來有點像心理學的方法）；其次，不管任何問題，「魔來魔斬、佛來佛斬」。壞的念頭固然要丟，好的念頭也要丟，將一切思想全部放下、隨時放下。到了這種程度，心念的軌跡已經不存在，心理還會有問題嗎？當然不會。這就是所謂的「開悟」、「除煩惱」、「證菩提」。所以，心理醫生能幫很多人的忙，而佛法能幫心理醫生的忙。

在我的學生、弟子當中，就有十幾個心理醫生，包括東方人和西方人，以西方人較多。我問他們：「你們不是醫生嗎？」他們說：「師父！您是醫生的醫生。」我說：「我沒有這麼大的本領，我也在害病、治病，不過我是以老病人幫忙新病人。只有大悲的佛陀才是醫生中的醫生。」

佛陀的另一個名字叫「大醫王」，真正的醫師是佛陀。

（四）倫理

中國人講倫理，強調五倫，是指倫理之間的責任和義務，就是在什麼樣的身分和立場，就應該盡到什麼樣的責任和義務。如果不盡自己該盡的責任和義務，就沒有好好地做人。比如說，夫妻關係，如果太太和先生彼此各盡責任和義務，夫妻之間一定非常和諧；反之，則一定會吵架。通常是要求別人盡責，而沒有盡到自己的本分。

（五）真理

這是一種形而上的思想、理論、觀念。是從現實的社會，而推想到理想、不變的真理。現象是變動的，而真理是不變的，所以哲學家、宗教家相信，有最初的和最後的真理。能夠相信有真理，心裡會得到安慰，有歸屬感。因此，有哲學修養的人，不會是壞人，也不會是心理煩躁的人，人格一定比較正常。為什麼？因為他們相信，現實雖然不公平，而真理一定是公平的。

（六）本地風光

又名「真如」、「涅槃」、「佛性」、「佛的法身」。很多人誤以為「死」就叫涅槃，其實涅槃是心如止水，不受是非、善惡等種種順逆境所困擾，而自由自在的意思。

十年多前，我剛到美國不久，有位美國人跟我求解脫法。他說：「我現在不自由，想離婚又離不了，因為太太向我開條件要錢。師父！聽說佛法裡有解脫的方法，是不是啊？」我說：「沒有用的，我幫你的忙以後，你跟這個太太離了婚，會再跟另一個女人結婚。放掉一個抓一個，你永遠得不到解脫。」他說：「從今以後我不結婚了，我已經受夠女人的氣，我還會再結婚嗎？」我告訴他：「你怕女人，也是不得解脫、不得自在。如果，你遇到她，心裡不會怕，她纏著你，你不怕她纏，這便是解脫。此外，沒有女人、沒有太太，不會感覺痛苦，也叫作解脫。」這即是說，當我們遇到問題時，能夠心悅誠服、歡歡喜喜、平平靜靜地面對它、解決它，當下即得解脫。

三、善用情與理

從佛法的觀點來看，慈悲和智慧實際上就是世間所講的情與理的淨化。所謂淨化，是指不使自己和別人陷於困擾、煩惱之中。

如何使人際關係不複雜？

答案只有四個字，即「用情用理」。意思是說用慈悲、用智慧來處理我們的人際關係。

我們對人多一分關懷，便是多一分情義。有些人蠻橫不講理，和他講理講不通。但是，用情──親情、愛情，或是用朋友的關係，問題就解決了。中國人比較多用情，使人感到很溫暖、很親切。可是，如果只用「情」，而忽略「理」，我們可能會顛倒是非、黑白不分。因此，對於自己的家庭或親戚朋友的倫理關係，我們可以用情；但對社會的關係，則應當以理來處理。也就是說，處理私人的事，可以用「情」；處理公共的事，必須用「理」。用「情」可以使我們的環境和諧；用「理」可以使環境公平，二者執一不可，也缺一不可。

我有一個弟子很理性，任何事都講究合理，所以他很困擾。他說：「怎麼搞地！這世上不公平、不合理的事情那麼多！」我告訴他：「你不慈悲！面對人時，是不能全部用理性的。人不能當成物質來處理，你應該加上慈悲，這樣你才會感覺心安理得，同時和你有關係的人也會覺得愉快。」

慈悲的意思和同情類似，但那是更淨化和清淨的。「用情」，會帶有個人的感情；但是「用慈悲」就不會。當我們周圍出現不合理的現象或有人做出不合理的行為，依「理」來說，這些人可能都必須去坐牢；如果從慈悲的立場來看，他們的行為也許是由於家庭背景、社會環境、或身心因素所引起。能從不同角度體諒他們，並用不同的方法幫助他們，這叫作慈悲。

對於別人的問題，要慈悲，但並不是一味地說「好、好、好」；對於自己的問題，應該用智慧來化解、指導和改革，這叫作修行。我們常常會遇到一些困擾自己的問題，這些問題往往是自己製造的，也可能是環境給我們的。在這種情形下，你怨恨自己或指責他人都沒有用，以佛法的因果觀點來化解，才是最好的辦法，否則，我們可能會憤恨不平。

根據佛法的因果觀念，一切的困擾與煩惱，都是緣於過去的因，所以才結現在的果。有了這種觀念以後，煩惱應該是減少了，或根本不用去煩惱。但是，因果的意思，並非叫我們不要改變環境、不須解決問題；而是要加上因緣來促成環境的改變和問題的解決，這才是智慧的態度。

佛法著重慈悲與智慧，推行佛法的修行，就是在推廣慈悲和智慧的運動。人人都有慈悲與智慧的心，社會一定能夠淨化，我們的人生一定是幸福的。因此，我們需要更多人弘揚佛法，勸導人們接受佛法、修行佛法。

但願諸位都是有慈悲、有智慧的修行者和弘法者。祝福諸位！

（一九九〇年七月十一日講於臺北市國父紀念館，許華玲居士整理）

善與惡——如何建立正確的價值觀念

我並不認為目前這個時代是最壞的，善惡不分、善惡顛倒；事實上，不論在任何一個時代、任何一個環境，善與惡都是相行並立的。

善，代表正面的價值，象徵光明；惡，代表負面的價值，象徵黑暗；二者隨著時代、環境的不同，而相互交替、此消彼長。因此，在每一個時代，都需要明確地闡明善與惡的價值標準，來幫助社會上所有的人。

一、善與惡的判斷

我們可以從「行為」、「結果」，與「動機」等三方面來判斷善與惡。

（一）行為的判斷

大部分的人習慣從他人的行為表現來判斷善與惡。其實，行為不好的人未必是壞人；而行為良好的人，也不一定是好人。在美國，我剛剛主持完一個禪七共修。報到期間，有位美國人在出發的路上發生了一件事，這事使他在頭三天的靜坐中始終無法進入情況，最後，他才把心裡的話告訴我。原來他在高速公路上開車時，有隻約二百多磅的鹿，突然從森林中跑出來，他來不及剎車，當場將鹿輾斃。他覺得很難過，心想：「我要去修行，怎麼反倒殺生了！」因此非常痛苦。我告訴他：「你沒有做壞事，不過你的行為是不好的；你沒有殺生，你的車殺了一隻鹿。」

一個佛教徒如果認為上述的行為是殺生、做壞事，這種觀念是錯的。從佛法的觀點來看，判斷一個人究竟是善或惡，一定要具備兩個條件，即「嘴巴講的話一定要和意念相應」；其次是「身體動作所產生的任何效果，一定要和意念相應」。如果光是嘴巴說說或有身體動作，但是和心意不相應，便不算是做錯事或破壞戒律。

（二）結果的判斷

即從行為的結果好壞來判斷善與惡。

有些人本來存心做好事、說好話，可是結果卻不好；或者有些人原本心有不善，卻歪打正著地使人得到利益，類似這種情形，在我們的日常生活中，俯拾皆是。由此可知用結果判斷善惡，是不正確的。

（三）動機的判斷

所謂動機，就是「自己的意願」。從佛法的觀點來看，這點非常重要。

佛法講因緣，因緣指的是「因素」的意思。每一個人做任何事、說任何話，都有他主要的因素。如果有人存心不良，卻因為外在因素變化，而產生好的結果，這種人不算是做了「好事」。雖然他沒有做壞事，但動機不正確。因此，動機的好與壞，是為判斷善惡的重要依據。

二、善與惡的定義

所謂「善」與「惡」，是指價值判斷。善，指的是「正面價值」；惡，指的是「負面價值」。

善惡的價值判斷標準，往往因時代、環境和文化背景的不同而有分別，但它對於個人、社會、歷史的影響亙古不變。如果一個人的行為能與道德、學問、技能平行發展，那麼這種價值是善的、是好的。反之，則為惡的。

其次，從社會來看，社會包括個人、家庭，以及人與人之間的互動和影響。個己內心的問題是個人的事，但如果他內心所想的表現在語言和行為上，便會影響家庭，及生活環境中所有相關的人。

在美國，青少年使用麻醉藥的很多，有的從小學就開始了。這是什麼原因？這和他的家庭及所接觸的同學、朋友有相當大的關係。用這種藥品的人，因為會對其他的人們產生負面的影響，因此這是「壞」事。

聽說臺灣現在有很多人喜歡吃蛇，而且愈毒愈好，說是可以驅風邪、解毒、補身。另外，還有人喜歡吃山珍海味，他們的目的不是為了營養，而是為了滿足自大和虛榮。在臺灣，這種風氣非常普遍。

最近從大陸回臺的名歌手侯德健說：「大陸很窮，臺灣卻過分浪費。」我在美國也遇到一些來過臺灣的美國朋友，他們跟我說：「臺灣生活條件比美國更好。」我聽了以後，很為臺灣憂愁。在臺灣有人吃一頓飯可以花上萬把元，要他們捐獻慈善事業，一、二千元卻嫌多。這種風氣、這種價值觀，究竟是善？是惡？

我們也可以從歷史價值判斷善與惡。讀者都了解不要為眼前爭名、爭利，不要爭眼前的現實，要爭千古的歷史。姑且不問是否能在歷史留名，我們必須先想想自己現在的活動、行為，對未來的子孫、民族乃至全人類未來的前程，有什麼樣的影響。《易經》上有句話說：「積善之家必有餘慶，積不善之家必有餘殃。」這是對自己家族未來的歷史價值判斷。

至於歷史人物，在當時也許有很多人盲目地崇拜他，但經過一段時間，以歷史的觀點認定，很可能會認為他是位壞人。所以隨著每個時代的思想不同，對歷史人物的判斷也就有所不同。但是從佛法的觀點來看，佛法不可能因時代的不同而有不同的價值標準。

三、善與惡的標準

善、惡的標準可分成下列四點：

（一）以個人利益做標準

即以自私自利的立場做為善惡的判斷標準，這是不正確的，因為有許多惡人都說自己是善人。

善人可分二種，一種是「他看所有的人都是好人」；另外一種是「他把所有的人分成有善、有惡」。

世界上，怎麼可能有人將所有人都當好人看呢？這是佛、菩薩的態度。你從正面幫忙他，他說：「很好，謝謝你。」你從暗地裡打擊他，他也說：「很好，謝謝你。」為什麼會這樣？你在正面幫助他，這是「增上緣」；從負面對付他，這是「逆增上緣」。不論你以正面或負面待他，對他來講，他都覺得你是好人。

對於一般人，也可以用這種方式來做判斷。有些人明知他對我們不利，又無法避免時，我們只有接受。這種接受，是試驗，通過這種試驗與磨鍊，會使我們更成熟，因此要感謝他。做為一個佛教徒的我們，應該學習這種態度，善惡分明，但是不要把惡人當作無藥可救，或當成是我們永遠仇恨的敵人。

（二）以社會風俗習慣做標準

如果這個世界的文化、文明能夠彼此交流，則社會風俗習慣的標準應該會相同。但由於民族和信仰的差異，各個地區、各個時代的價值判斷也有所不同。因此，在釋迦牟尼佛的時代，他認為一個佛教徒不論到任何一個地方、任何國家、任何時代，都不該反對當時社會的風俗習慣，否則，即是行「惡」。因為，那些人所需要的東西，你反對他，你就無法存在，甚至連佛法都無法弘揚了。所謂的「隨方隨時」，意即隨順環境、隨順時代有不同的標準，這是世尊的想法。

綜合上面所述，可知社會風俗習慣的善惡標準是沒有一定的。

（三）以哲學思想、思辨的角度做標準

哲學思想，可能有一部分的人永遠相信它，但無論如何不可能永遠普遍，所以以哲學思想、思辨的角度做標準亦是不正確的。

（四）以宗教信仰立場做標準

依《可蘭經》、《舊約聖經》的觀點看，凡是拜偶像的，都應該下地獄。我有一次從臺灣到美國，在飛機上遇到一位韓國牧師，他坐在我的隔壁，看了看我，然後用英文和我聊天。聽了我的話以後，他搖搖頭說：「可惜呀！可惜！」我問他：「什麼可惜？」他說：「像你這樣優秀的人，怎麼會信佛教呢？」我問：「那什麼宗教最好？」他說：「唯一最好的宗教當然是基督教。」我說：「對，對。」他說：「既然對，你為什麼信佛教，不信基督教？」我告訴他：「對你來講，基督教最好；可是對我來說，佛教是最好的，你是不是同意呢？」

事實上，不論是原有舊的宗教，或新興的宗教，他們彼此不認同，都認為對方有問題，可是開明之士不會公開批評，因為這個時代不容許。但在私底下做判斷時，他們還是認為自己的最好，別家的都有問題。由此可知，宗教的信仰思想，亦不得做為價值判斷的標準。

然而，除了宗教，還有其他可約束人心的辦法嗎？雖然有，但不是很可靠。因此，在不得已的情況下，還是需要宗教，有宗教總比沒有來得好。所以站在佛教的立場，認為所有宗教都應該存在，不同的人、不同的層次、不同的興趣，可以信仰不同的宗教。

四、佛教的善惡觀念

可分為下述四點來闡述：

（一）有善有惡

這是「世間」的標準，是指人間一般的、社會的判斷或標準，也就是從一般人對他個人、家庭、社會的影響來判斷，正面的說是善，負面的說是惡，包括倫理、道德、風俗習慣和法律的標準。所以做為一個佛教徒，首先要肯定現實社會的善惡標準。

（二）生善滅惡

是為佛教的教化功能。以現實的社會做基礎，提昇社會進入淨化的層次。也就是說，既然社會有善、有惡，我們希望善事能盡量多做，運用佛法中持戒、修定、增長智慧的方法，從人們身、口的行為開始改善，然後再從根本的思想觀念、心理層面做調整，以達到生善止惡的目標。

（三）有善無惡

這是菩薩的境界，一般人很難做到。如果有人看任何事、任何人都是好的，那是善惡不分，是鄉愿，對於個人和社會來講，都不好。

然而以佛教的立場，一定要講到這個層次。因為這個世間雖然有不少人的心地不好，行為不善，但我們相信「所有的人將來都能成佛、成菩薩」，目前只是因為他的因緣尚未成熟，如果我們能促成他的因緣，使他往善的方向走，他未來也能成佛。所以他也是未來佛、未來的菩薩，我們不需要計較他現在的好壞。

一切眾生都有佛性，菩薩不捨任何一個眾生，以平等看待一切眾生。沒有一個眾生有不變的惡性，因此，我們不要對任何人失望。

（四）無善無惡

是佛的境界。這個境界更高，善與惡對於他而言，根本都不存在。永嘉大師說：「夢裡明明有六趣，覺後空空無大千。」所謂「夢裡」，指智慧尚未出現，仍有煩惱的情況下。而「覺後」，乃指開悟、成佛的意思。

在沒有開悟以前，善的、惡的、種種一切差別現象都存在。到開悟、成佛以後，任何的一切都一律平等，所以再也沒有任何一樣東西在他的心裡面牽掛窒礙了。

五、佛教的善惡層次

善惡層次包括下列五種：

（一）人的層次

從人的層次來看，信仰三寶、修布施、持五戒是善；毀謗三寶、不修布施、不持五戒是惡。為什麼我們不說成：信仰一切宗教是善，不信一切宗教是惡？因為，宗教的標準並不客觀，因此，不得做為標準。而「三寶」是佛、法、僧，不是一種宗教。「佛」是說法的人，「法」是用來止惡行善的方法或道理，「僧」是正在修行佛法，並弘揚佛法、主持佛法的人。

佛法，並不一定是要讓我們信服某一種特定的對象，而是要我們依著佛法去實行。比方說「布施」，是使他人得到利益，不論是用我們的智慧、知識、財力、體力，或用語言鼓勵人、幫助人，使他人從困難中得到利益與救助，都稱為布施。「持戒」，是指凡應該做的好事，都要去做；不應該做的事，絕對不做。「毀謗三寶」的意思，是教人不要信仰三寶，並說佛、法、僧的壞話。

（二）天的層次

比人的層次高一等，必須要具備人的道德之後，還要修行十善和禪定，才能生到欲界天及禪定天的層次。生「欲界天」，這還是屬於物質世界的天。生「禪定天」，這是屬於精神世界的天。

依佛教的觀點，如果一個人行為合於人類的道德標準，他死後當再還生人間。如果他比一般人的道德高，便有生「欲界天」的資格，到天上享受比人間更精緻、更美好、時間更長的五欲快樂。如果他修行禪定的話，便能離開物質世界，進入純精神的世界，即「禪定天」。

（三）出世的層次

認為世間太混亂、太痛苦，希望從此以後不要再來，即為此層次。

（四）菩薩的層次

實際是入世的層次。菩薩一味付出不想回收，他只是幫助所有一切眾生，不準備向任何人回收他的付出。他不準備到人間或生天享福，也不期待常住精神世界永遠不入世」。

（五）佛的層次

他住在世間，永遠存在、處處存在，度一切眾生，自己卻不覺得自己度了眾生。對他來講，沒有善、惡這個問題。

六、佛教的善惡心性

佛教把心分成二種：有善、惡觀念之心與清淨心。

有「善」與「惡」，是我們的意識作用，以自我中心為立場，對自己所看到、所遇到的任何事、物、現象所做的判斷。這可分作兩方面來說：第一，由於我們自己有善與惡的判斷，所以有輪迴，會生了再生，死了再死。第二，這「善」與「惡」，不管你接不接受、承不承認，這力量的本身即會做判斷、做決定。佛教將之總稱它為「業力」，是為「心」的另外一個名詞。

接著談「性」，性有善、有惡。依佛教的說法，我們的認識心分成三部分，即善、惡、無記。也就是說，吾人起心動念所產生的反應、效果，可能是善或惡；另外一種，心理活動是有的，但不能判斷它究竟是善、是惡，這就是「無記」。

從佛法的立場來看，善、惡、無記是眾生的一種現象。對佛而言，一切眾生都有佛性，一切眾生都是清淨的、善的，「善」、「惡」、「無記」的三性之說並不存在。

七、佛教的善惡相對論

從佛經我們可以找出幾百種善、惡相對的說法，以下僅列五點來做說明：

（一）從因果的觀點判斷善與惡

善因結善果，惡因結惡果，即是所謂的「種豆得豆，種瓜得瓜」。但是因果的關係不是這麼單純。例如：兩個人同樣殺人，一個人可能要還兩條命，另一個人不一定要還命，也許只被打個耳光就了結。

但是，「善有善報，惡有惡報」的道理一定是不變的。今生看不到果報，未來生中，果報一定會出現。而為什麼同樣是殺人，兩人的果報不一定相同？這和善因、善緣、惡因、惡緣有很大的關係。

（二）善因善緣和惡因惡緣

善因有可能會遇到善緣，也可能遇到惡緣，因緣的關係極其錯綜複雜，因此說是「因緣不可思議」，而因果也是不可思議。但是有個不變的原則：「我們必須增加善因緣，盡量避免製造惡因緣。」怎麼做呢？就是要多親近善知識。

（三）親近善知識，遠離惡知識

有所謂「近朱者赤，近墨者黑」。親近善知識的道理亦如此，因此我們要多結交善知識，遠離惡知識。但如何分辨善知識或惡知識呢？

（四）善法與惡法

鼓勵我們努力向上，使我們身心健康、家庭和樂、社會安定的良師益友，即為「善知識」，他所用的法，即為「善法」。相反地，教我們殺人、放火、偷盜、邪淫、說謊者，這是「惡知識」，用的即是「惡法」。

有些人認為，能夠得到手就是我狠，得不到手的算我倒楣。因此不擇手段用盡一切方法以取得不法的利益，這當然也是惡法。

又有些人認為，我做壞事被捉，坐幾年牢，算我倒楣；捉不到，是我運氣好。而你做好人，有什麼好處呢？

（五）善道（趣）與惡道（趣）

行善法的人生善道（趣），行惡法的人生惡道（趣），這是無庸置疑的。人間也有善道和惡道。如生在沒有衣服穿、沒有飯吃、天然災害多、疾病肆虐的地方是「惡道」。另外，佛經上說，生到「地獄道」、「餓鬼道」、「畜生道」等三個地方，也稱為惡道。而生天，或出生於人間，社會安寧的地方，是為「善道」。

記得我剛到臺灣的時候，社會的物質條件相當差，很多人沒有鞋子穿。但在那時，每一個人工作都很勤奮，也很節儉。我心想：「臺灣人有福，生在臺灣的同胞是有善根的。」但是，經過四十年，我們的生活愈來愈好，社會風氣卻愈來愈壞，如果我們一直這樣下去，只知道貪圖享受與自私自利，不要提下輩子我們會怎麼樣，下輩子的福報現在就用光了，災難就要提早來了。

現在信仰佛法的人愈來愈多，這現象對社會有很大的影響，我相信我們的社會還是有希望的，這希望就寄託在你、我身上。

（一九九〇年七月十日講於臺北市國父紀念館，王玉琴居士整理）

夢中說夢

現在分作兩個階段來談夢，每一階段又各有幾個層次，第一階段是眾生的夢，第二階段是諸佛的夢。

其實諸佛無夢，為了應眾生所求，而入眾生的夢中；眾生則在未成佛前，處於做夢的狀態卻不自知。因此，對諸佛來說，夢如空花水月，根本不存在；對眾生言，做夢不知是夢，誤以為是真實的存在。

一、眾生的夢

眾生的夢，可分為學佛之前與學佛之後兩個階段。學佛之前，所做的都是迷夢；學佛之後，做的便是半醒半迷的夢。

常人的做夢經驗，不外乎：1. 歷歷分明的清明夢，醒後夢境宛然，仍在腦海裡盤旋縈繞，久久難以忘懷。2.似清若濁的夢，夢時彷彿清楚，醒後卻難以捕捉。3.混濁的糊塗夢，夢時非常吃力，醒來身心疲累，知道曾經做夢，就是想不起來，到底做了些什麼夢。4.預感性的夢，夢境會在未來的一段時日中發生。凡是做這種夢的人，多少帶些神經質。神經質未必不好，只是易於接收靈力的感應罷了。如果過分重視夢的預兆，便會遭受到生活中的困擾。因為預告性的夢，畢竟不多，故也不必大驚小怪地去找人解夢，凡事謹慎，多存善心，勤念彌陀或觀音聖號就好。

夢的產生，以唯識學的觀點來講，是獨頭意識的活動；獨頭意識是屬於第六意識的其中一種。

識有八名，與眼、耳、鼻、舌、身的神經有關而各別作用的，稱為前五識，即名為眼識、耳識、鼻識、舌識、身識。與腦的中樞神經相應的作用，稱為第六意識；業種的儲存及引發再生作用的，稱為第八識，又名藏識；把藏識執著為永恆之我的，稱為第七意識。其中第六意識若與前五識同時生起作用，稱為五俱意識；若第六意識不與前五識相應而獨自活動，就稱為獨頭意識。做夢時名為夢中獨頭，入定時稱為定中獨頭。因此，睡時若把手壓在胸口上，或手被身體壓住，或某部分的肌肉受到刺激，產生夢境，便不是獨頭意識，而是五俱意識的作用。

二、夢的種類

一般人做夢的情況，大致可歸納為四：1.睡足之後尚未清醒之際，易於做夢。因身體已得充分的休息，此時所做的夢較清晰明朗。2.剛睡而尚未睡熟，身體尚未得到充分的休息，這時很可能做亂夢，或是半糊塗、半清楚的夢。3.已睡醒卻賴床不起，翻個身蒙頭再睡時，也容易做夢。4.靈體或超心理力的託夢，夢中所見所聞，是來自於外在的靈力溝通；此如前面所說，不是人人都會有這樣的經驗，出現之時，通常都很清楚。然而，照一般的經驗說，前半夜所做的夢多不會應驗；充分地睡足之後，託夢的預告率較高。學佛的人，特別是禪的修行者，對於夢境，是以妄想或幻境處理，縱有託夢的事實，也不致引起困擾。

預兆的夢，是做夢者對尚未發生而必將發生的事情，預先得到消息。比如老鼠預知火災，螞蟻預知下雨，傳說臺灣的某種闊葉草能預示颱風，若干犬隻能預報凶訊等。這都是因為在事件發生之先，業力已經發動，因緣已經具足，因果已經成熟，無法避免其出現。以現象而言，都是尚未發生的事；以其潛伏性而言，早已完成了。對於有預知能力的人，或是由於意識比較敏銳，或者對特定事件有特別的緣分，便會在夢中夢見將要發生的事件情況。

用打坐的方法，也可產生預知、預感、預見的能力。當你坐到妄念稀少，腦中一片清明時，在聲音或景象未發生之前，即可能預知；但這不是神通，而是靈敏度高。記得馬來西亞的繼程法師，有一次在北投中華佛教文化館的禪七中，當一炷香結束前，護七人員尚未敲引磬，而他已預先聽到了引磬聲，好像時間倒流，先後倒置，令他很驚奇。這樣的模式來解釋預兆，便不必故弄玄虛地說神說鬼了，否則即流於迷信。的確也有鬼神的存在，神經較敏感的人，接受系統必然靈敏，所以對鬼神發出的力量易於接收，但預兆和預感並不全是仰靠鬼神的供給，只要自己本身比較有心力，也會產生這種力量。因此，在凡夫夢境之中，清醒的、預感性的夢，多半是自己身心反應所顯示的一種現象。

以上所說一般人的夢，是在生死夢中更做夜寢夢。

現在另說未出三界、未成佛之前的生死夢。未出三界是做「分段生死夢」，已出三界而未成佛是做「變易生死夢」，比如永嘉大師的〈證道歌〉所說：「夢裡明明有六趣，覺後空空無大千。」這「夢」主要指分段生死的煩惱夢。換句話說，在生死煩惱中的眾生，無時無處不在做夢。從無始以來，若不出生死，便得在六道中流轉，彷彿長夜漫漫，惡夢連連，永無盡期。

三、美夢易醒

當然，在三界之中，偶爾也做到美夢，例如生於天上或處於定中。只是「春宵苦短」，美夢剎那醒；福盡定退之後，也將再度進入漫長無際的生死惡夢中。如莊周的「蝴蝶夢」，另有「邯鄲夢」，都是美夢、幻夢。佛教的史傳中，也載有許多大德在修行過程中的夢境，像虛雲老和尚夢「昇兜率天」；憨山德清夢「赴文殊浴池」；袁中道夢「受其弟袁中郎的西方淨土之邀」等。這些夢境無不歷歷如繪，究竟是真是假？說是假，有夢皆假；說是真，乃真代表著修行者的心境，唯不過既知是夢，當然早已離開了夢境。

最近，有位林顯政居士，帶一位女居士來看我，他告訴我說：「這位女居士，在不久前，曾因病住進榮民總醫院，由於病歷奇特，群醫束手無策，每天僅以注射及從鼻孔灌送流汁維持生命，終致於在她身上已找不到可以注射的血管，而且肌肉組織也已萎縮如蟻巢，最後失去知覺，被醫生宣告為無藥可救的植物人。就這樣躺在病床，經過六個月之後，奇蹟出現了，她從悠忽中慢慢醒過來，覺得身體可以動了，也能輕聲說話了。但她是從另外一個世界回來的，她已不是父母所生的那個人。」

以下是這位女居士告訴我的故事：「那六個月中，以我的經驗感受，卻只是一會兒工夫；我很輕巧地到了一個無憂愁、也無人煙的世界裡，那兒沒有塵土，沒有髒亂，沒有煩囂，所有的花草樹木以及土地都是金銀珍珠等眾寶所成，人世間所有的寶貝也無法用來比喻、形容，只覺得是那麼地堅固、清淨、微妙。當時心念一動，為什麼這個地方沒有泥巴？很想摘朵花回去；轉念想，既然一切都是這樣完美，摘花也是多餘的事，所以又把手縮了回來。在那無人世界裡，內心快樂實在難以言喻。不一會兒，我就離開那個花樹世界，來到一座山上，在山頂遇見一對男女，女的走在前面，已身懷六甲，不知怎麼突然跌倒，於是我趕上前去將她扶起來，而那位男的也到了跟前，我就將扶起的孕婦交給後來的男人。接著，我悠悠然飄下山來就醒了。甦醒後由家人告訴我，才知道已六個月不省人世了；然而在我自己的感覺，只是短短一會兒。夢境那麼地短暫，為何醒來已經六個月的時間？我百思不解，特地來請求師父告訴我，我夢中的境界究竟在哪裡？」

我說：「我不會解夢，但依照我所讀過佛經的記載，這種情形，類似於《無量壽經》中所描述的邊地胎生，以自然化生的蓮胎為宮殿，小者百由旬，大者五百由旬。在此大宮殿中，以西方樂邦的時間五百歲，不見佛、不聞法、不見菩薩、不見聲聞聖者。那是由於雖願求生佛國，卻又心生疑惑的緣故，因而生此寂寞宮殿之中。」

這位女居士何以去而得返？大約是情障太重，雖修福積善，而不懂佛法，不能斷情，所以捨不得丈夫、孩子，因此又回到人世間了。

接著她說，她在病後，的確又為她的先生生了一個相當健康的男孩。

四、諸佛的夢

從這個例子中，我們看到夢裡的時間很短，人間竟已歷時六個月，可知美夢苦短。但也有以人間的短時間卻在夢中變成長時間的情形，如「邯鄲夢」。其原因是——通常的時間標準，是以太陽的出沒和身體的運作來計算，在有形身體和環境的雙重限制下，給予共同的標準，一旦我們離開了有形的肉體和所依的世界，時間便沒有一定的標準了，而是依自己心念的感受，可長可短；心念活動多，便覺得時間長，心念活動少，就覺得時間短。

因此，對我們初機學佛的人來說，此刻，正在做無始劫來的漫漫長夢，而且做得非常地痛苦。若從已解脫的聖位佛菩薩來看，他們根本沒有感覺到時間的存在；因為如來常在定，無有不定時；定中無妄動，當然無時間。眾生感覺有時間的長短，正因為正在夢中做夢。

前天，我的一位弟子憂憂戚戚地來勸告我說：「師父！您得小心保重。因我昨晚在夢中夢到師父死了，我想師父還不太老，不該這麼早離開我們，所以難過得大聲哭喊：『我的師父怎能死呢？』結果哭醒了。」

我說：「你真愚癡！你夢境中的師父是死了，夢境外的師父並沒有死，我根本和你的夢境無關。」

另一個弟子問：「常有人在夢中夢見師父教化他們，幫助他們，難道也和師父無關嗎？」

我答：「夢境是真實的夢到，在夢的當時也真是師父，那是他們自己心中的事，甚至從未見過我的人，也有夢到我的可能，我根本不必進入他們的夢中，卻跟他們一塊兒做夢。」

同樣地，諸佛菩薩和已得解脫的人，知道眾生做生死夢是苦的，眾生也見到諸佛菩薩來生死海中做大救濟，諸佛菩薩則無必要陷入眾生的生死海中，同受苦難，所以已經離苦。對諸佛菩薩而言，眾生在諸佛菩薩的清淨性海中，雖然存在，等於不存在；而對眾生來說，諸佛菩薩在眾生的生死大夢中，雖不實在，卻覺其實在。

五、大夢誰先覺

當眾生聽聞了佛法之後，依法修行，特別是修習禪法的人，便容易察覺自己是在生死中做夢；一旦知道自己在做生死大夢時，他便已走向出離生死大夢的邊界了。為什麼？因為有了禪定的力量，易於省察過去的心是迷的、亂的、混濁不清，如做亂夢。因此，只要從佛法的修持中得到一點受用，這個人就會對現實生活看得更清楚，也更能精進修行，再加上無我、無常、無自性空等佛理的指導，便能喚醒自己的迷夢。

已確知自己正在做著生死大夢，就要尋求出離之道，不僅出離苦難的夢，也要出離歡樂的夢，因為快樂的時間最容易過去，苦難的時間無有盡期。

我曾在某雜誌上看到過一篇報導：有位部長級的官員，祖孫三代，都居要津，有人說：「這位部長與眾不同，家世好，後台夠，背景強，所以一帆風順，鵬程萬里，直上青雲。」一般人以為生於富貴之家的王孫公子，自小過的是宴樂生活，能夠隨心所欲地想怎麼就怎麼，是許多人夢寐以求的際遇。可是這位部長自己的感受就不同了。他被訪問時說到——他不是生出來就能當部長的，他從小雖不愁衣食，未受飢寒之苦；可是生為望族世家的子弟，除了來自家庭、社會的壓力，尚有不得不全力以赴的使命感。他努力受教育，從小學而至留學，獲得博士學位，絕不是輕鬆事；回國後的種種歷練以及必須時時警惕、處處用心的處境，也非局外人能夠體驗到他曾有的辛酸。

可見，富貴夢不一定即是美夢；縱然是美夢，夢醒之時，也一無所有。可是，夢醒時雖然一無所有，未醒時仍不得大意，求願不做惡夢，固然要努力於布施等善行；求願做富貴及生天的美夢，必得先修五戒十善乃至世間的禪定；求願三界生死的夢醒，更得開發無我的智慧。故在夢醒之前，先得做好夢中佛事。如能於平日做到身不做惡行，口不出惡言，心不動邪念，也必可保證夜不做惡夢，日不交惡運了；離開生死夢醒的日子，也不會無盡無期了。

（一九八六年八月十七日講於北投農禪寺禪坐會）

法喜與禪悅

本屆禪七到明天早餐之後，就要圓滿結束，我希望諸位能夠體會到「時時有法喜、處處有禪悅」的修行經驗。因為我們有煩惱，所以經常感到不自在，既然聽到了佛法，當以佛法化解煩惱。

一、修行方法

修行的方法有兩種：

（一）觀念的疏導——用佛法觀念疏導內心的煩惱，便得「法喜」。時時以觀念幫助我們消滅妄想執著、袪除自我中心；每當遇到困難、痛苦的時候，我們就用佛法的觀念解除心理上的壓力、負擔和不自在。

（二）身心的鍛鍊——用「方法」來鍛鍊我們的身心，主要是指打坐、禮佛、唱誦等等。這些方法，能夠使我們以正念代替妄念；然後，漸漸以正念統一雜念，最後至於無念，修行的過程便得「禪悅」。

二、身心統一

以正念消除雜念之後，自我中心就會從散亂而歸於集中。能夠集中的時候，便能夠指揮自己了。當「集中的心」成了「統一的心」，此時，會發現自己的存在已經不重要。所謂個人的不重要，是指自己跟環境、其他人乃至身體和心，已經不是相對立的了。既然不是對立，身體就不會有負擔；對外，就不會有追求或抗拒，內心會經常保持在一種和平、快樂的狀態。

佛經中記載，在沒有佛法的地方和時代，能夠聽到鬼神或化人說出一句半偈佛法，就能夠得無量的法喜。在我們的世界中，沒有聽過佛法的人極多，諸位不但有佛法可聽，而且至少已聽了整整一個星期，雖然尚未得解脫，卻可以用聽到的佛法，隨時幫助自己處理心理上以及觀念上的種種問題。

既然時時都在佛法指導之下修行，所以沒有一刻是失望、痛苦、悲哀、怨恨或是妒嫉的。

三、認識法喜

所謂佛法，諸位究竟聽到了些什麼？聽了七天的佛法，諸位可能要問：「怎樣才能叫我們高興？哪一句話可使我們歡喜？」那是因為你們這七天之中已經聽得太多，反而弄不明白，什麼叫作佛法。猶如我們天天呼吸空氣，而能意識到是空氣使我們有了生活與生命的切身感者，究竟有多少呢？

諸位在這七天當中，可曾聽到「因果」、「因緣」、「信心」、「懺悔」、「慚愧」？又可曾聽到「供養」、「發願」、「迴向」、「放鬆自己」，及「把心門打開」呢？「不要把心的大門關起來，堵得緊緊的」、「把心打開以後，讓所有的念頭自由進出，而心裡面對什麼東西都不要有取捨」等等，諸位是聽到了的，這些算不算佛法呢？

事實上，這些都是佛法的大綱，也可以說是佛法的總持。

信仰三寶，你就不會失去前進的方向。相信「因果」，你就不會怨天尤人或得意忘形。相信「因緣」，你就不會把痛苦的事看成是永遠的，把幸運的事，認為是實在的。懂得用「慚愧心」，你就不會有驕傲心、我慢心，也不會有妒嫉心了。

我們發願要「供養」，供養，就是把我們的身心奉獻給三寶，來修持佛法，接受佛法，並貢獻給眾生。把自己奉獻出去之後，自己的問題，就已經不重要了。因為，眾生比自己更重要；當你能把眾生看得比自己更重要時，你不會再為自己煩惱，當然會歡喜囉！

佛教我們「少欲、知足、知慚愧」——唯有少欲、知足，才能安心於佛法的修學；也唯有少欲、知足，才會真的生起慚愧心。知道慚愧以後，才能夠懺悔往昔的罪過業障。懺悔之後，才能使我們心得安樂。這就是佛法，這就有「法喜」。

如此說來，能夠讓我們感到法喜的項目，實在太多了。經云：「佛法難聞今已聞」，能夠在這七天之中，聽了許多佛法，縱然尚未親證諸法的體性或空性，但能聽到佛陀的正法，應是更加地歡喜才是。

四、體會禪悅

這七天，我們都在緊密地鍛鍊身心。初進禪堂時，因為身體尚未適應禪修的生活，故有許多障礙，感到沉重、疼痛、不舒服。可是，經過打坐的訓練以後，肌肉和神經放鬆了，身體的氣脈舒暢了，這就使得身體產生如釋重負的輕鬆感。

這種輕鬆和安定的感覺，能夠給我們帶來「禪悅」。

這是因為能用「方法」集中注意力，使我們散漫、雜亂的心，漸趨集中，然後統一，或是接近統一。那時自然就會減少情緒的波動和心不由己的無奈感，覺得自己生活在充滿自信和活力的心境中，既明朗又穩定；經常知道自己是處在什麼樣的情況當中，也經常會知道凡事盡其在我，不必心存得失人我，不需要憂悲苦惱，這不正是「禪悅」嗎？

這七天之中，常教導諸位「把身心鬆弛」，諸位逐漸可以做到了。既然知道身心能夠化緊張為鬆弛，這就已是初嘗「禪悅」的滋味了。

五、懂得放鬆

打坐時，可以練習身心的鬆弛，在任何時間，也都可以練習。

能夠把鬆弛的方法，練習一段時間之後，在任何時間，都可以將身心放鬆。

所謂身心放鬆，就是要我們休息。當頭腦不得不休息時，就叫它休息；當身體、肌肉及神經緊張時，也叫它休息。能夠讓頭腦和身體獲得充分的休息，不用頭腦想，不用眼睛看，不用耳朵聽，不用身體感觸，那該是多舒服啊！在日常生活中，保持身心安定、輕鬆，也是「禪悅」的體驗，所以在我們的生活圈中，也是「處處有禪悅」。

今天早上，講了兩個名詞，一個是「禪悅」，一個是「法喜」。這兩者之間，有著互相關聯以及互相連貫的關係，諸位至少已擁有其中的一種，故在打完禪七之後，我要祝福各位「時時法喜」、「處處禪悅」。

（一九九〇年六月一日美國紐約東初禪寺第四十八期禪七第七天的晨間開示，宋素容居士整理）

心淨國土淨

到目前為止，我們這個世界還不能夠稱為淨土世界。我們所處的環境，實際上是心境的寫照。不同的人因為各自的心境而感受到不同的境界。當心中感到歡喜愉悅時，所見到的世界也比較美滿，倘若心理不健康或有煩惱苦悶時，所見到的世界、所處的環境，也就不盡如意。在未成佛、未解脫之前，環境影響我們的心，所謂心隨境轉；當然，我們的心也可以改變我們的環境，即境隨心轉。

在古代，孟母三遷的目的，是為覓得好環境，讓她的孩子在人格心理上更臻健全。在佛教的立場，這世界的誘惑太多、障礙太多，無法使我們順利修行，因此，釋迦牟尼佛介紹西方極樂世界的阿彌陀佛，以其有宏大的慈悲願力，凡有意願往生西方極樂世界的眾生，他必接引。到達西方之後，處在很好的環境，修行很容易就可以成功，所以一定要改善環境，或到清淨的環境，所謂「近朱者赤，近墨者黑」，讓環境影響我們，使人格昇華、使心得清淨。

境隨心轉是另一個方向。這世界雖非淨土，雖不像阿彌陀佛般的淨土，可是若靠自己的努力，在未達到西方極樂世界之前，所見到的世界，也是比較清淨的。

心是什麼？心可分物質的和精神的兩類。所謂物質的心是指心臟、頭腦。一般人說「我心裡很難過」、「這樣的麻煩事，使我很頭痛」，心裡難過就是心急、心臟負荷過多，頭痛就是心裡很煩惱、心情暴躁。

精神的心，包括感情、理性、思想、觀念等。這些雖然和頭腦都有關聯，但頭腦卻不等於精神，頭腦是精神所依，精神是頭腦產生的功能。

從佛學的立場來看，頭腦細胞的意根加上意識才是心。人死後，頭腦雖在，但是已經沒有感情、思想。電腦可以記憶，錄音帶可以記憶，但是它們沒有思想，有生命、有精神的頭腦才是心。

一、煩惱心和清淨心

佛教所謂的「心」是指煩惱心和清淨心。你、我、他，貪、瞋、癡，無常、苦等，是煩惱心。所謂「你、我、他」就是分別的意思，對接觸到的人、事、物產生的反應。

有人問我：「佛經說無執著就是無分別、無煩惱，我們是否可以無分別？」

我說：「這是不可能的。當下的你問我答，你我之間無分別嗎？」

「所有的宗教都一樣，只是用不同的名詞而已，有的稱佛，有的稱耶穌、上帝、神。」

我說：「不一樣，同中有異、異中有同。」

譬如一個女人，對其父親而言是女兒；對她的丈夫而言她是妻子；對她的兒女而言，她是母親；對她的老師而言，她是學生等。雖然是同一個人，從不同的角度、層次，見到的並不是同一個人。因此，由於宗教立場或身分立場的不同，見到的環境、對象便不一樣。如此，怎麼可能無分別呢？

雖然，一切事，一切現象，一切人有不同的位置、立場和不同的環境，但對自己的感覺而言，不要當作是和自己有衝突或無衝突。這種感覺愈減少，見到的世界愈和諧。

「你家有事，他家有事，我家沒事」，我曾經用這三句話疏導你、我、他之間的問題。雖然有你、我、他的分別，可是自己不生煩惱，這是菩薩的心境和心量。我們雖不是菩薩，但是也可以學習、模仿。他家有事，幫助他；你家有事，幫助你；但是自己沒有事，自己所做的，都是為了你、為了他。用這種心態，多關懷他人，則會減少與他人起衝突或矛盾的機會，較不會產生煩惱。

貪、瞋、癡是你、我、他的具體表現。所謂你、我、他，其實就是「我執」。有「我」才知道有「你」、有「他」、有「我希望……」、有「我不希望……」等念頭。

一般勸人不要貪、不要瞋的人，若要他本身完全不貪不瞋，是很不可能的。若能完全不貪不瞋，就是聖人。若以聖人的尺度期許是對的，卻不必要求他人或自己都是聖人。

凡人即使不貪財，也貪名、利；不貪名、利，也貪五欲，身體是依五欲而生存，既然生在欲界，未真正入定或解脫時，對於色、聲、香、味、觸任何一樣，無不是貪。一般人貪五欲，修行的人，即使修苦行不貪求五欲，也有貪，貪的是聖果、聖位。得解脫，才真不貪。

對於不喜歡的人、物或環境等，欲離不能離，想要而得不到，就有瞋心。這和身體與觀念有很大的關係。身體和生活是密切相關的，對生活有利的就貪，貪不到就瞋。對自己身體有利的，不希望離開，強迫離開，便起瞋心。與自己的名利起衝突，和自己的想法不一樣，生不歡喜心，也是瞋。

二、智慧如鏡子，煩惱如塵土

清淨心也是智慧的佛心。煩惱心使我們痛苦，使我們生生流轉六道中。煩惱心愈少，投生的層次愈高，智慧愈增長。智慧如鏡子，煩惱如塵土，鏡上蒙塵是愚癡，拭去塵埃現智慧。六祖惠能大師到五祖弘忍大師的道場時，曾發生一個故事：

五祖將入涅槃，欲傳衣缽，便命弟子們各作詩偈一首。大弟子神秀在牆上作一偈：「身是菩提樹，心如明鏡台，時時勤拂拭，勿使惹塵埃。」其意是將心的煩惱祛除以顯現智慧。五祖看了這首偈，令弟子們點香勤念熟記，會有很大的功德。

六祖另作一偈：「菩提本無樹，明鏡亦非台，本來無一物，何處惹塵埃？」他認為菩提本來沒有樹，心也沒有鏡，既無樹也無鏡，不會有塵埃，也不必拂拭，這種境界更高。

但是，法身應依色身修，要以血肉之軀的色身修行佛道，才有可能開悟、解脫、成佛，所以身體是很重要的，它是修行的工具，也是煩惱的淵藪。

我們的心，非貪即瞋，愚癡而不知智慧，所以從減少貪瞋著手，才能發現智慧是什麼。有人在念佛或誦經時，生不清淨的雜念、妄想，這是正常的情況。就是因為心不清淨，所以要修行。開始修行的人應該相信自己有煩惱，才要追求智慧。煩惱斷盡則見智慧，智慧圓滿便與佛心相同，佛心與眾生心原是一樣，不同的是眾生心有煩惱、佛心無煩惱，這就是明心、明佛的清淨智慧心，便能見佛的不動性和空性。

清淨心是自照照人的智慧，佛性是在凡不減、在聖不增的本來面目。有位禪師開悟以後，有人問他發生了什麼事，他回答：「早晨起床後，轉身碰到牆壁，才發現我的鼻孔是朝下的。」意謂佛性到處存在本來具足。當煩惱心還在的時候，即在迷中，就看不到佛性。智慧顯現時，即已開悟，不論看到什麼，什麼都是佛性，那又稱為無分別心，或無差別性。

三、不起貪執便是清淨心

「心淨國土淨」出自《維摩經》的〈佛國品〉，即是「隨其心淨則佛土淨」

的經句。那是說心清淨後環境也清淨。所謂環境，是指眼所見、耳所聞、鼻所嗅、舌所嘗、身所觸到的五欲境界，又稱五塵。好看的彩色及形色就是好看，好聽的聲音就是好聽，美味的飲食就是美味的飲食，面對這些種種，心雖明白而不起愛著貪執，便是清淨的不動心，所謂心不動或心不汙染，不在於我們對環境的接觸，而在於我們放不下、丟不開。若能慢慢地練習，不為過去的事煩惱，也不為未來的事煩惱，心就漸漸地與清淨的境界接近了。

在日本的禪宗公案中，有這樣的一則趣談：有兩位努力修行的和尚，一是師兄，一是師弟。有一天的行腳途中，走到河邊要過河，遇到一位年輕女子也急欲過河，但那是在大雨之後，河面水漲而又無船可乘。其中的師兄自告奮勇將女子抱過了河，然後各走各的路。然而在路上，師弟不斷地向師兄抱怨：「出家人怎麼可以接觸女子，你今天抱了女子過河，是犯了大戒。」師兄不予理會，行事如常。到晚上，師兄一覺睡到天明，而這位師弟輾轉難眠，對於師兄白天的行為，耿耿於懷，認為他犯了戒，尚不知懺悔。師兄醒來見師弟一夜不眠，問明原因。師兄便說：「我抱女子過河後已放下，為什麼你到現在仍緊抱著她不放。」

這個故事，便是在說明不受環境汙染。雖然對環境有接觸到，但不因接觸到而心波動，或生瞋心或生貪心，當時接觸什麼就是接觸什麼。其次，對接觸的環境，過去的已過去，不在心裡牽掛著，這樣，就是心清淨。也許經常保持心清淨，並不容易，但是按照上述的觀念試著做，雖然對所有的事不能常保心不動搖，但總可以藉此減少一些煩惱。

心清淨並不是非常困難，不能永遠清淨，能得一小時清淨，乃至一分鐘清淨也好，只要練習了清淨，就能享受到一分鐘清淨自在的快樂。

誤解佛法或不會修行的人，很可能與現實的世界產生隔閡、討厭、逃避的現象。因此，再以一則故事供大家參考：

唐朝時，有一對母女供養一位修行人許多年。有一天這位母親想試探修行人是否修行成功。母親告訴女兒：「今日送飯過去，妳緊緊抱他一下。」女兒照做了。第二天，母親問這位修行人：「我的女兒怎麼樣？」修行人告訴她：「枯木倚寒崖。」

一般人認為能對美色不動心，已是很有修行的人了。但是，這位母親認為他並未修好，所以拿起掃帚便將他趕走，並放一把火把供給修行人居住的草寮也燒了。

這個故事說明，像這位修行人是已有工夫的，但尚沒有開悟。雖然心不動，卻違背了常識和現實生活，那是死修行。所以，不受環境汙染的意思是需要認識環境，但不受其動搖。心淨後，環境就可清淨。

四、從內至外潛移默化

如何使環境清淨、國土清淨，首先要從內心開始，那便是從觀念的糾正和信心的建立，同時要用戒、定、慧的修行方法來淨化身心。在修行過程中，便會發覺身不清淨、心不清淨，當發覺身心不清淨時，就是漸漸趨向清淨的表徵。由個人的自我清淨，再用關懷和勸導，付出時間與耐心，影響各自的家庭和生活環境內所接觸到的人。也就是自己本身要在行為上、觀念上、心念上，漸做檢討。同時潛移默化，影響所及，便能使得國土清淨了。

建設法鼓山的活動已開始推動，法鼓山建設的目標是：「提昇人的品質，建設人間淨土。」其意義是從每個人的內心開始改善，當有煩惱時，對人不友善時，要及時發現自己正在起什麼心、動什麼念。我們當然無法如聖人一般地不動壞念頭、壞舉動，可是要漸漸知道自己在做什麼，經常要反省，或許是說錯話，或許是做錯事而生慚愧心、懺悔心。能坦白、誠懇，人的品質一定提昇，人格一定比一般人高尚，所以會受敬重。做為佛教徒的，若能人人都朝這方向走，環境就會愈來愈清淨。「建設人間淨土」不是口號，不是空洞的理想，乃是全體關懷現代社會的全民，每人都應努力的事業，人間淨土，方能很快地實現。

（一九九〇年七月十九日講於板橋體育館的「佛法滿人間」系列演講，楊慧娭居士整理）

人間淨土

一、人間是什麼？

一般我們講人間，好像是指人與人之間的關係，但在佛學上，是當「人」的意思，在日本「人間」也是做「人類」解釋。

人類是眾生的一類，在佛法中，眾生可以有三種分法：

（一）五趣即五類的眾生。

（二）六道即六類的眾生。

（三）十法界即十類的眾生。

五趣和六道都是指凡夫，十法界則包括凡夫和聖人。

人是五趣之一，五趣乃從因的立場來看不同的果。此趣位的「趣」，也就是去向的「去」之意。端視我們一生中究竟造了什麼不同的業，就去到我們應該去的地方。通常五類即：地獄、餓鬼、畜生、人、天。因此，由這五個地方，就可知道我們造了哪一類的因。例如：造了地獄的因就到地獄，造了人的因就到人道上。

人是六道之一。道是「路」的意思，從果位上而言，我們正走在什麼路上就稱什麼道。例如：前生造了人類的因，即到人道，也就是走在「人」的路上。為何稱為「六道」？即是五趣再加阿修羅。為何五趣沒有阿修羅趣？因為阿修羅可以在人間，也可以在天道；可以在畜生道，也可以在餓鬼道。凡是非常凶的人、鬼、神，或凶而靈的動物都可以稱「阿修羅」。

根據佛經中記載，阿修羅常在人間作祟，又到天上像孫悟空般鬧天宮和天人作戰，而每次和天人作戰時，他一定是打敗，之後就逃到人間，人間無處躲就躲在水裡，或植物或藕孔去，他可大又可小。

就十法界而言，人是十法界中的一界。所謂十法界包括四聖、六凡。就是六道稱為六法界，再加上小乘的聲聞和緣覺、大乘的菩薩和佛四類聖人而成。凡所有一切眾生——包括從最低層次到最高層次，均在十界之內。

「人間」的意思在經中的根據，如：

（一）佛在《長阿含經》卷二十《世記經．忉利天品》云：「我昔於人間，身行善，口言善，意念善。」「我」是指佛。佛在人間修行時，身、口、意都是善，亦即十善業。修十善業就可得人天果報。

（二）《中阿含經》卷三十六《聞德經》云：「天上人間，七往來已，則得苦邊。」是說入道聖人要證得四果須到人間七次，直到證得阿羅漢果後就不再來人間，而解脫生死苦海。

人間的定義可由幾方面來看：

（一）「人間」乃由梵文翻譯而來，梵文叫「摩奴闍」（manusya）。

（二）《立世阿毘曇論》卷六，解釋「人道」一詞有八義：聰明、勝、意微細、正覺、智慧增上、能別虛實、聖道正器、聰慧業所生。這些看似複雜，其實很簡單。因為人有這些能力，可以分別、分析、記憶、思考，所以稱為人。更重要的是六界眾生之中，只有人是修行佛法的道器，也就是說人的身體是修行佛法的工具，而其他眾生卻不容易成為修行的工具。也正因為眾生可得不同的身體，此生為人，來世不一定為人，故得人身時是最好修行的時候。

（三）《大涅槃經》卷十八謂：「人者名曰能多恩義，又復人者身口柔軟，又復人者名有憍慢，又復人者能破憍慢。」其實應還有很多特性是人所具有的，如憍慢外還有嫉妒。或許其他動物也會有嫉妒心，但人的嫉妒心更強。其他的動物可能有懷疑心，但傲慢唯有人類才有。為何有傲慢？因為人有思想的能力，他是以自我為中心，加上判斷，就比較會產生傲慢。

（四）由以上可知梵文「摩奴闍」——「人間」，翻譯成中文是「思考」及「思考者」。動物的構成條件有四：1.細胞，2.神經，3.記憶，4.思考。愈低等的動物，所具備的條件愈少，唯有人類四種條件具足。其他高等的動物，如狗、猴，最多僅有少許記憶，唯獨人類能夠思考。

二、人間在何處？

我們已很清楚人是住在這個世間，但是不是僅有這個世界有人呢？根據佛經上說，這世界是在一個有形的山丘，但是我們看不見，我們稱為「須彌山」。須彌山的頂層是天人所居，底層是地獄眾生所住，須彌山的四方有四大洲可住人。我們是在須彌山的南方，而東方、西方、北方也都各有一個地方可住人。不同地方的人類壽命和福報，以及自然環境都不相同。我們不知道須彌山的東方、西方、北方在哪裡？但佛經中說人類最長壽的是北方，每個人可以活到一千歲。

除了我們知道的地球以外，其他的地方是不是還有人呢？有人問「人身難得」，還有「人身一失萬劫不回」，似乎是說很不容易為人的，失去人身的機會很多，得到人身的機會很少。可是我們地球上的人愈來愈多，這是否和佛法不相應呢？

其實佛經中曾提到，娑婆世界是以須彌山為中心，而以須彌山為中心的世界是個小世界，一千個小的世界稱中千世界，一千個中千世界稱大千世界，我們這個娑婆世界，有多少個像地球這樣的地方啊！雖然我們眼睛看不到，但在這整個娑婆世界，就是一個佛所教化的範圍，釋迦牟尼佛稱為娑婆教主。諸位不要誤會，認為釋迦牟尼佛只是我們地球上的教主，其實是整個三千大千世界的教主。而在這世界出現以前，已有很多的世界存在，當我們這世界毀滅時還有很多其他的世界將會生起。

三、人從何處來？

人最初是由哪裡來的呢？基督教說人是上帝造的，先有地球、世界，然後再造人，不論此種說法是否正確，讓我們看佛經裡的說法。

根據《長阿含經》卷十四《梵動經》、卷二十二《世記經．世本緣品》等，均介紹到人的起源，其中說：世界由存在到毀滅共經四個階段，即成、住、壞、空。經歷這四個階段稱一個大劫。當世界在完成這四階段時，就有一些眾生，從第二禪天的光音天的天人中，因福報享盡，壽命結束，漸往下至梵天，再到有物質的地球世界來。

「天」分為欲界天、色界天、無色界天。欲界天人都有形相；色界天人則只有心理、精神的現象，而無物質現象存在。原在二禪天——光音天的眾生是無物理現象，即無身體，存在的只是精神、心理現象。但後漸降到了地球，最初仍然飛行自在，未感覺到身體，漸漸在地上沾了地氣，吃了地上的東西，身漸粗澀，不能飛行，逐漸也會老化、死亡，那就是我們的祖先。

那麼光音天的人是從哪裡來的呢？他們是從不同的世界修行禪定，修成之後而生到禪定天。所以眾生應是從無始以來就有，並無開始，但地球上的人則是有開始的起點。

四、如何生為人類？

除光音天的眾生來成為人類的祖先外，以後所有的人類是怎麼來的呢？

（一）《雜阿含經》說，行十不善業，生於地獄，若生人中，即受諸難。行十善業，生於天上，若生人中，得免諸難。此處所講的是因果報應。十不善即指十惡業，包括殺、盜、邪淫、妄語、兩舌、惡口、綺語、貪、瞋、癡。亦即身業三、口業四、意業三。若造此十種不善因的全部，即墮地獄。若只造一部分，可能生於人間，但卻受種種阻難。相反地，十善即指不殺生、不偷盜、不邪淫、不妄語、不兩舌、不惡口、不綺語、不貪、不瞋、不癡。做人時，十善業均能做到並不簡單，若全部做到，則可生於天上，若做一部分，生於人間，可免受諸難。

（二）《佛為首迦長者說業報差別經》云：「於十善業，缺漏不全，以是十業，得人趣報。」

（三）《辯正論》卷一引《魔化比丘經》云：「五戒人根，十善天種。」即持五戒之人，均能生到人間為人，修十善則能生到天上去。五戒即指：不殺、不偷盜、不邪淫、不妄語、不飲酒。

（四）《盂蘭盆經疏》卷上云：「一人乘，謂三皈五戒，運載眾生越於三塗生於人道。」人乘即人所乘的交通工具，也就是到人間所乘的交通工具、所具備的條件。到天上也有交通工具稱天乘。成聲聞、緣覺的條件是二乘，而成菩薩的條件稱大乘。最高的交通工具即佛乘。如何成佛？便是修行佛法。而修行佛法可分五個層次，最低的稱人天乘，便是三皈、五戒、十善。也就是說受三皈、持五戒、行十善得生於人間。

（五）印順法師《佛法概論》第三章說，人間有四特勝：1.環境有苦有樂，2.知慚愧，3.有智慧，4.能堅忍。具備這些條件後才可為人，所以說人身難得。且因唯有人的身體是修行最好的工具，所以人身更是可貴。

五、什麼是淨土？

（一）淨土的定義：淨土的意思就是佛、菩薩等聖人所住的國土。是佛的功德所成的世界，也可能是佛的願力所成的世界。其和我們的世界不一樣的地方是無病、無惱、無苦的環境。但因為修行的成果不同，所建造的淨土也不一樣；同樣地，在淨土裡佛所建造的和凡夫建造的不同。因此淨土分為四種等級。

（二）淨土的等級：

1.法身土——法身所居住，永遠且普遍存在的。是無形，也可說沒有一個形相不是在此淨土中。

2.報身土——報身即佛的功德身，佛的功德能和聖位菩薩的人共同分享，能使聖位菩薩在佛的淨土中，繼續成就佛和菩薩的道業。

3.化身土——化身佛的淨土，化身佛乃是度凡夫。我們這世界也是淨土，若學佛、接觸佛法，就會感到淨土就在面前。當然也有死後往生的世界是在佛國裡，而凡夫所居佛國的淨土也是化身土。

4.凡聖同居土——即使我們到西方、東方或任何一個佛國淨土，我們自己仍是凡夫，雖然可以看到許多菩薩、羅漢和佛，但在同一個地方，菩薩所能感覺的淨土和凡夫所感覺的淨土是不同的，此稱凡聖同居土。

（三）淨土的種類：由經典可分四類。

1.唯心淨土：《維摩經》云：「隨其心淨則佛土淨。」是說心清淨的話，所見的世界亦是清淨的。此「心淨」係指心無煩惱，心中只有智慧的光明、無煩惱的黑暗。此時所見的世界也就是淨土，即使在地獄，心無煩惱，地獄亦成淨土。所以，因意念的轉變，世界也完全不同，如心非常煩惱，則所見的世界亦成地獄。若能看開、想通，所見的就是淨土。有句話說「化火焰為紅蓮，化紅蓮為火焰」，便是指只要意念轉變，世界便為之而轉變。

2.他方淨土：十方諸佛的淨土，和我們這世界最有緣、感覺最親切的是阿彌陀佛的極樂世界。

3.天國淨土：是在欲界天裡的兜率天，分內院和外院，外院是凡夫所居，內院是彌勒佛教化眾生的地方。

4.人間淨土：可從幾個地方看到，一是在彌勒佛到人間成佛時會出現。二可到須彌山北方的北俱盧洲看到。目前那兒是人間淨土，可惜還沒有交通工具可以讓人去參觀，因此，我們最好努力在這個世界建設人間淨土。

人間淨土的建設及理想現象可由《正法華經》卷二的〈應時品〉看出：「平等快樂，威曜巍巍，諸行清淨，所立安穩，米穀豐賤，人民繁熾，男女眾多，具足周備。」

目前，我們在這世界上所感受到的是不安、憂慮、沒有保障，且感到缺乏不夠，希望得到的東西，不容易得到；不希望得到的東西很多，所以這不是淨土。但我們可能在這世界建設淨土的境界嗎？答案是可能的。若是不能，釋迦牟尼佛便不須在人間出現。而人間過去可曾出現過淨土？是的，有的是個人見到淨土，即「唯心淨土」，有的是一個家庭、一個範圍或區域的人所建造的淨土。

六、為何建設人間淨土？

因為佛是在人間成佛，而成佛後教化的對象是以人為主，而且所有眾生中能修道成佛的只有人才有可能，所以我們既然是在人間，又遇到佛法，當然要從人間淨土開始著手。而也因為佛法的修行是從「人」的基礎開始才成佛，所以若「人」都沒做好，則成佛的可能性也沒有了。

前面我們提到受三皈、持五戒、行十善者可以生在人道和天道，但是否受三皈、持五戒、行十善者僅可生在天、生在人間呢？不是，若未聽聞佛法、修持佛法的人，因不能解脫，所以只能在人間和天上。如果聽聞到佛法後，知道「無我」、「空」的道理，就會出三界入佛道。

對於佛法修行道理，都有它的層次，第一層教我們不要造惡因、墮地獄，因此為了不墮地獄，所以不造惡業。第二層是修善業，因為修善業可生人間及天上，如此我們便不會做壞事。這些都是以「自我」的出發點來教化，因眾生都是自私、自我的，所以為了自己的利害關係，便會去惡修善，此即為基礎佛法的層次。這是人天乘的說法，即以此為基礎告訴我們，天福享盡後又會到下面來，所以天福是不可靠的。

所以用自我、自私的心來修行，則福報有限，享福的時間有限，如果不為自我修行，只為廣度一切眾生，不求福報、回饋，永遠修行下去，是絕對成佛的。

從以上可以知道生人、天，得有限的壽命福報，以及求解脫的修行法，還有成佛的修行法，基礎都是相同的，只是存心、觀念不同。

七、如何建設人間淨土？

人間淨土可分二個方向來建設，一是物質建設，二是精神建設。前者可從科學、技術方面去努力。後者則由對佛法的信心或修行而努力。從佛法的立場看，物質的建設有與無、多或少，不是重要的事。精神建設才是重要的。請問諸位，若一個貪得無厭的人有了一棟洋房後，他會不要第二棟、第三棟嗎？我想人是不怕錢多的。假若一個人的家裡，所有物質條件都有了，這個人是否會感到即生活在淨土裡呢？

有一次一位居士載我到他家裡去，那是一間別墅，院子很大，房子也很漂亮，進了屋子一看裡面的擺設都好像在極樂世界一樣。我說：「你住在這裡一定是很快樂了！」他回答：「師父啊！如果我住在這兒快樂，就不會請你來了。」他說：「我的電話每半個月要換一次號碼！我的門鎖已經換好幾次了，而保險及防盜系統常被破壞，我住在這兒非常痛苦，我準備搬家了。」在我看來那是一個極樂世界，真想說：「你這房子讓給我好不好呢？」於是我告訴他：「問題不在外在，而在你本身心裡空虛、沒有安全感，如果你能將事業、財產都看成是臨時的、暫時的。有很好，沒有也無妨，我想你就會感到平安，而覺得這地方非常好了。」但他卻告訴我：「師父您真不懂事，現在這世界你自己要做好人、自己放得下，但人家卻放不下你？自己看得開，人家看不開呢！所以，就算我認為今天晚上東西都沒有了也沒關係，可是問題沒有解決，社會上專門綁票的人，專找開賓士車及企業家，這社會這個樣子，我放得下，但他們放不下啊！」

最近又遇到另外一個居士及她的家人。她住的房子很好，有天晚上來了五、六個人破門而入，將他們綁起來，再搜索家裡的東西，這位太太剛皈依沒多久，皈依時我教她發生任何困難時，別人救不了妳的時候，有人會來救妳，那就是觀世音菩薩，妳只要念「觀世音菩薩」就行了。於是她就大聲念「觀世音菩薩」，此時那幾個強盜就說：「不要念了，我們也是佛教徒啊！」後來就搶走了現款，沒有取其他的東西及傷害她的家人。被搶後他們就趕快搬家了，她將經過告訴我，我說：「哎呀！妳不需要搬家呀！他們已經來過，也知道妳念觀世音菩薩，且他們也是佛教徒，下次不會再來了，即使再來，只要妳常念觀世音菩薩，有修行、有信心，妳會平安的。」

我們一個人如此地學佛、修行，且勸人受三皈、持五戒，即有諸佛菩薩及護法善神保護我們。

建設人間淨土是從每個人的內心做起，每一個人要有行善的心，不要有自私的心。其次是要照顧全家，希望全家人都能平安，也都能成為佛教徒，再讓與自己有關係的人也都能念佛，都能行善，無自私心，如此由個人推展到家庭再到團體，漸成淨土的世界。

如果我們都能如經裡所說身行善、口言善、意念善，身、口、意三業都做好事，則淨土就在我們面前。即使白天看不到，晚上也會在夢中見到。

（一九九〇年九月二十日講於永和國父紀念館，林淑芬居士整理）

禪——如來如去

有人認為「禪」與「淨土」截然不同，其實，二者並無衝突。此在古來諸師們，已多有說明。念佛人臨終時能一心不亂往生西方極樂世界，即是定力加上佛的願力。禪修者，若能明心見性，心淨則所居國土亦淨。因此，禪與淨土沒有絕對分開的必要，我不僅教人用禪的修行方法，同時也鼓勵人們念佛。

一、「禪」是什麼？

（一）禪是安定、平穩、和樂的生活方式

人經常生活在不安定的心態及環境中，因為心不安定，所以我們的生活言行很不平穩，導致自己和別人之間缺乏和樂的氣氛。所謂「和」，即彼此關懷、互相照顧的意思。

我們自己若能前念與後念、過去和現在沒有衝突，與人相處又能相互關懷，生活怎麼會不快樂？

（二）禪為開朗、寬大、涵容的生活智慧

我們與人相處，最不愉快的事就是心不開朗。所謂「不開朗」，又名「閉鎖」，是將自己與他人隔開，而不能有所溝通。閉鎖的原因，是為了保護自己、求得自身安全，以免與他人來往時受到損失及傷害。其實，愈閉鎖就愈不能和人溝通，對自己的損失愈大。唯有開朗的心胸，才能使人左右逢源、愉快順利。

很少人願意寬恕別人，反而容易寬恕自己；也就是說，自己不能對別人慈悲、接受別人。心量愈是狹小的人，愈放不下自己，也捨不得奉獻自己，這種人心裡最痛苦，他沒有朋友，也不會得到幫助，縱使有人想幫助他，他也會害怕。而禪修，能幫助我們打開心胸，容納所有的人與所有的事，就像大海一樣，能收納所有的一切，無論大魚、小魚，甚至有毒的魚。大海不會拒絕任何一種生物的生存。

（三）禪為合情、合理、合法的生活原則

我們的世界上，有人重情、有人重理，也有些人特別重視法律，這都是有所執、有所偏。最好的生活態度就是，應該用情時用情，該用理性處理時就講理，必須用法律處理時則用法律。

「情」，一般多是自私的、不清淨的；無私的情即是慈悲，便是清淨的「情」。「理」應該是好的，但若是一味講理，會使人生活得不自在，凡事「一個螺絲一個釘，一個蘿蔔一個坑」，把人當機器來處理，絲毫沒有通融和轉圜的餘地。因此，對於大原則或自己的問題，我們要用「理性」處理；至於小枝節上對他人的困難問題，我們要用「情」處理。如果反過來，對人只是用理、對己只是用情，那就麻煩了。所以「情」與「理」應視事情輕重來處理。

其次說到「法」。法不一定合理，法和情也不相同。法是大眾所共同遵守的規則，是可以修正的，但當多數人認為必須用它時，我們就該遵守它。

可是，現在社會上有許多人追求不合理、不合法的利益。所謂「不合理」，就是不肯付出自己的努力與代價，而希望憑空得到利益。若獲利而不合法，即做了大眾所不允許的事。

有位海防軍官告訴我，國內許多漁船出海到大陸買魚，然後回到臺灣賣出。於法，這是走私的行為，漁民卻認為向大陸買魚花費的時間少、成本低、賺的錢也多，何樂不為？況且能替國家節省能源、賺取更多的利潤，因此希望法律能夠改變。對於這種站在一方面合理、另一方面不合法的事來說，究竟我們應該遵守法律？或是守理呢？

從佛法的立場來說，佛法講因緣與因果，對於大眾皆認為應該修改的法律，如果確實對全體大眾現在有損、未來無益，而且不能提供安全的保障，則法律自有變更的必要，這是因緣所生。反之，若僅少數人獲近利，多數人吃遠虧，就不該做，還是應該遵守法律。例如走私黑槍，可得暴利，如果每一個人都有黑槍，對臺灣社會無疑會造成可怕的影響。

世間人追求的東西不外古人所說的功、名、利、祿，「功」是功勳、「利」是錢財、「名」是聲望、「祿」是職位。只要追求得合情、合理、合法，即為佛法所鼓勵。然而在追求的過程當中，我們必須考慮，除了自己以外還有其他的人，除了人以外還有眾生。如果社會上每一個人都只是為自己設想，眼中無人，我們的社會不知會亂成什麼樣子？此時，我們還會安全、安定嗎？所以，個人不能離開社會而得到幸福。如果自己得到利益，反而使別人蒙害，這種利益必然不可靠、不安全。

社會上有許多人喜歡不勞而獲，希望得橫財、偏財，殊不知，這是一種危害自己、危害社會的行為。從佛法的觀點來說，這就是違背因果，沒有種下善因而想得到善果，對於自己和社會不能產生建設性的作用。所以求利，最好要為天下所有人的利益而求、為眾生的利益而努力，不要貪圖個人的私利與暴利。

另外，有人求名，利用新聞媒體或種種方式希望大家知道他自己。甚至有抱持「縱然不能流芳千古，也要遺臭萬年」的想法，結果不但自己不能得到利益，反而害了很多人。因此，求名當求萬世名，而非一時虛名。如果能夠水到渠成、實至名歸的「流芳千古」也未嘗不好，但是如果能不求名地做事，那就更好。

其次，社會上更充斥著急功好利的現象。無論在國內或國外，常常有人問我，是不是有速成法可以使人即刻開悟？我總是告訴他們：「到目前為止還沒有發現，如果有，我會先用而不是給你用。」也有些人生病找我幫忙，我建議他去看醫生，他說：「醫生醫不好才找師父，師父有修行，一定有辦法。」我對他說：「很抱歉！師父有病也是要看醫生。」他問：「那修行沒有用囉？」我說：

「有用。別人生病的時候覺得是倒了楣，希望趕快好，心裡怨恨，口頭嘆苦。而我生病看醫生，要病多久才好，則不去管它，病沒有好是業報，病好就是業消了。」身病而心少煩，便是修行佛法的好處和用處。

修行佛法，當以過程為目的，才不會退道心，「只問耕耘、不問收穫」，只要我們努力用功，自然會有收穫。但是，如果對收穫期望過早或過高，就必然會發生問題。

二、禪的內容是如來

禪就是成佛的方法，成佛的方法包括持戒、修定、修智慧。

（一）戒

持戒的目的，不僅是為了要有利於人，同時也是要有益於己，這才是戒律的精神。切勿為了持戒，拘泥於戒律條文，而使自己生活得彆扭。

有一次我掃地，掃了一大堆螞蟻，有人怪我說：「師父！您怎麼不慈悲，把螞蟻都掃死了！」我說：「阿彌陀佛！你來掃好不好？」他說：「我也會掃死螞蟻。」我問他：「那怎麼辦？是不是我們應該搬家呢？」

佛陀住世時，有一次和弟子到一個很久沒有人住、沒人打掃的精舍，精舍裡面的浴室水池長了很多孑孓，比丘們不敢洗澡，請示佛陀如何處理？佛陀只告訴他們「清理水池」，比丘們擔心會弄死孑孓，佛說：「不是叫你們去殺蟲，而是清理水池。」這意思是說，目的是要清理水池，而不是以瞋恨心殺蟲，所以不算犯戒。

由此可見，戒是不做不合悲智原則的任何事，並對合乎悲智原則一切的事要積極為之，否則即是犯戒。

(二) 定與慧

一般以為「老僧入定」就是坐著什麼事都不管，才是「定」。所以有人修定時，希望別人不要干擾他，讓他好好修行。這種人修到最後會變成自私鬼。因為他們在修定時怕干擾，要離開人群，修成後又貪著定境的快樂，會逃避現實、厭離世間。這不是自私鬼，是什麼？

其實，禪宗所說的「定」為「即定即慧」，定即智慧、智慧即定。智慧是頭腦清楚、條理分明，不以主觀、自私的立場判斷、處理所有的事情。因此「定」絕對不是坐著不動或逃避現實。「定」的真義是：在安定、平穩、和樂的身心狀態下，從事於持戒的修行生活。而「智慧」，是以開朗、寬大、涵容、無我的心量，指導我們持戒和修定。

有位中醫師告訴我，他看過不少佛書，在觀念、認知的理解上知道應該怎麼去做，但總是做不到。當貪心、瞋心和嫉妒心生起時，自己不知道，發現後常常感到懊惱。為什麼他的心不容易受指揮？這是因為平常他沒有下工夫修定的緣故。修定的工夫，包括靜坐、拜佛、念佛與誦經。如果能持之以恆每日按時做定課，日子一久，心自然會平穩，情緒也不會輕易受環境影響而波動了。

總括的說，持戒、修定為慈悲的範圍，智慧是屬解脫自在的範圍。如果我們平時情緒穩定、思想開明、心胸豁達，對自己、對別人自然都會有安定的作用。

三、如來也是如去

《金剛經》云：「如來者，無所從來，亦無所去。」如來，為佛的十種尊稱之一，是沒有來也沒有去的意思。廣欽老和尚往生前曾說過一句話：「沒來沒去，沒什麼代誌（事情）」，已有很多人奉為金玉良言，這句話和《金剛經》所說的有異曲同工之妙。

所謂如來如去，譬如你昨天買股票，股票上漲，一夜之間使你變成富翁，明天股票下跌，又使你一夜之間變成窮人。究竟，錢來了沒有？它好像是來了、使你發財，結果錢又到哪裡去了？錢不是你的，這就叫如來如去。來的時候不必興奮，去的時候不須難過，因為這是正常的事。

世間人的煩惱痛苦，是因為沒有把環境中遇到的人、事、物看清楚，所以才會「迷」，才叫「凡夫」，也因此才有煩惱。我們往往以假當真、把不真實的事情當成永恆，對與我們相關的人、事、物，執著何者為我、為我所，何者為多、何者為少，何者為來、去、生、死等等，這種種執著都使我們心裡產生煩惱的反應。

佛法說，一切現象都是因緣所生、因果相循、變幻無常。因緣是由許多因素相加，所產生的結果，所以現象的出現、消失，都是不同的因素所形成。「無常」這一名詞，常使人誤解佛教徒消極、悲觀，其實恰好相反。無常是變化的意思，也就是說，沒有一件事物可永久不變。所以「無常」有其積極的意義，便是教我們要努力不懈。惡運當頭，無常變化，豈非好事；好運當頭，無常變化，不必難過。只要繼續努力，好運還會再來。壞的事情臨身時，那不是永恆的，故也無須傷心絕望。

禪宗《五燈會元》卷十六中白兆圭禪師說：「譬如空中飛鳥，不知空是家鄉；水裡游魚，忘卻水為性命。」空中飛鳥翱翔天際，本身即在天空中，牠並不擔心自己非要天空不可，因為天空夠寬闊的了。又如水中的魚，水對牠是必需品，可是牠並不把這想成非常重要的事，而操心憂慮。如果，我們能以這種態度積極努力的生活，不處處起煩惱，生活必然愉快。

（一九九〇年八月十八日講於高雄市中正文化中心，張國蘭居士整理）

禪——解脫自在

一、何謂解脫？

何謂解脫？一般可分為身的解脫及心的解脫。例如我們因為犯了法而坐牢，身體便受拘束；如果從牢裡出來，便得解脫。但是心的解脫比身的解脫更重要。如果我們心裡面沒有煩惱、沒有執著，雖被關在牢裡，心仍是自由自在。

有位居士跟我談起某某人，說他可能要坐牢了，在他快要坐牢之前，很多人跟他說：「很好啊！你有這個機會可以閉關好好修行了。」我說：「這句話有問題，若是心已得解脫或得自在的人，到牢裡去，對他而言的確是修行。否則，坐牢便是坐牢而已。」

我曾經在山中閉關，前後共計六年。有人問我：「住在裡面是不是很痛苦？」我說：「如果是坐牢會很痛苦的。但是，我是閉關修行，我很自在。」因此，不能夠把閉關當成坐牢，或將坐牢當成閉關，這二者完全不同，而其不同的地方，即在於我們的心是不是自在！

二、解脫在於心

現在我舉二個禪宗的例子。第一個例子，是禪宗四祖道信禪師的故事，道信禪師在十四歲就出家了，他見到三祖僧璨禪師便說：「但願大師能夠慈悲，教我解脫的法門。」三祖就問他：「是誰把你綁起來？」小沙彌回答：「沒有人綁我呀！」因此三祖說：「那你還要求什麼解脫呢？」這時十四歲的小沙彌聽了馬上就開悟了。我說了這故事，諸位是否開悟了呢？請問諸位有誰綁你們？大概諸位沒有要求一個解脫的方法，所以聽了故事也沒開悟。

這故事是說：自己認為未得解脫，是有人綁住了自己，仔細問清楚並無人綁住自己；那就是自己把自己綁起來了。既是自己綁自己，那只要將自己鬆開就可以了。所以當下就能開悟。像這種情形，於日常生活中，許多人不都是如此嗎？即所謂「作繭自縛」，自找麻煩，所以說：「天下本無事，庸人自擾之。」

第二則故事，有一位禪師說：「見、聞、覺、知，俱為生死之因。」又說：

「見、聞、覺、知，正是解脫之本。」所謂見，看見；聞，耳朵聽到的；覺，五官所接觸的；知，明白。這些都是我們於平常所見、所聞、所覺、所知。如果對它們起分別心、執著心，認為是真的，而牢牢抓住不放，那就變成了生死的原因。相反地，如果不管見到、聽到或感覺到以及明瞭的事，都能把它客觀化，不加入個己的利害得失，即是解脫的根本。換句話說：任何事如果把自己帶進去，就有問題、有麻煩。除掉自己的利害得失，就得解脫了。

佛在世時，其弟子阿難有一天與佛出去托缽，看到路邊樹下有一堆黃金。阿難說：「世尊，那兒有一堆黃金。」世尊說：「不，那是大毒蛇，不要看它。」阿難便不再看它。後來，有人經過那裡，就把黃金撿起來帶回家。當時正好警察在追趕強盜，強盜跑掉了，將黃金隨手丟棄。而撿到黃金的人卻被捉，被當成強盜來處罰。這說明，黃金如果你把它當成黃金的話，它可能會是一條毒蛇，而若當成毒蛇，那麼黃金對你而言便毫無問題，因為你已遠離它了。

三、五蘊皆空得自在

現在看一段《心經》，經文一開始即說：「觀自在菩薩，行深般若波羅蜜多時，照見五蘊皆空，度一切苦厄。」這四句也可說是《心經》中最重要的，它說明人要想得自在，就要學觀自在菩薩，觀自在菩薩是誰呢？通常解釋成觀世音菩薩，當這位菩薩用他非常高的智慧來看世間所有的萬法以及一切現象時，便可離開一切苦難。所謂「行深般若波羅蜜」，就是用高深的智慧，來度脫眾生的苦難。

《六祖壇經》是中國禪宗最基本，也可說是最根本的一部祖師語錄。淺顯易懂而寓意深遠。其中提到：「摩訶般若波羅蜜，是梵語，此言大智慧、到彼岸。」共三句話。解釋什麼是「摩訶般若波羅蜜」，意即以大智慧到彼岸。因此，若要解脫須先有智慧。

有居士會認為學佛之後，雖聽了解脫及自在的道理，但沒辦法做得到，便覺得很痛苦。我相信我們中國人之中的許多人學佛之後都有同樣的問題。因為中國人一講佛法，都是講最高深的，佛的法、菩薩的法，沒有講凡夫的法。從人到佛的境界，這階段要經過很長的時間，講得太高了，便常使我們在沒有辦法做到之前，便感到自己好像不夠資格學佛，愈學愈糟糕。其實從人看，以人的標準來要求，再以佛法做指導，而做到人能做到的程度，這就是智慧，就是到彼岸。

自在有不同的程度，解脫也有不同的程度。我們無法要求什麼事都得解脫，什麼地方都得自在，因為這要慢慢地來。

四、心自在和身自在

什麼叫自在？自在的意思可分身自在和心自在。身自在是指我們的身體進和退沒有阻礙，心自在指從煩惱中得解脫。身自在如果能修得神通，就能夠變化。但是神通有限，一般凡夫的神通並不持久，事實上，除非已成佛，否則不可能有真正的身自在。如果有肉身存在，即使有神通，仍不可能不死，所以，仍是不自在。

心自在是用「智慧」來看這世界，心就不會受到阻礙，因為以智慧看世界，世界都沒有問題。因為，只有個人有貪、瞋、癡、慢、疑等種種的問題，所以才覺得世界有問題。

凡夫就是凡夫，聖人能夠得自在後便永遠自在，而凡夫只能以觀念來指導、糾正；但小煩惱可用佛法的觀念來化解，而重大煩惱產生時就不容易了。所以，往往有些人要求自己太高，希望一聽到佛法就能使心自在，這是不切實際的。有不同層次的眾生，也就有不同層次的自在。一般的眾生就叫煩惱的眾生，既是煩惱的眾生，便不可能有真自在，所以就叫作不自在。有的人煩惱很重，可是卻常說他是最快樂的人，但往往剛剛還說最快樂的人，馬上淚眼婆娑，這是真正的自在嗎？若有人出生於監牢，對監牢以外的事全不知道，或許他會覺得監牢也不錯嘛！只有從監牢外面進去的人，才明白進了監牢是不自在。同理，眾生從佛法而知自己是不自在的，而我們能去體驗，這是非常可貴的事。

另外，小自在是小乘的聖人所有的，佛教有大乘、小乘。小乘乃指只管自己的解脫者，但因其畏懼在現實世間有生、死、苦、難，所以離開生死，住入不生不死的境界。但真正的自在是不怕生死，也不受生死束縛。所以，小自在不是我們所希望的。我們希望的是佛和大菩薩的大自在。因為只有佛才能既不怕生死，也不怕任何苦難，而他自己也沒感受有苦難。地藏菩薩說：「我不入地獄，誰入地獄？」又說：「地獄未空，誓不成佛。」這種以願力、自主、自動到眾生需要的地方，出入隨心所欲，這就叫自在，而眾生因業力非去不可，要想出來出不來，就叫不自在。

五、自在與悟境

解脫自在就是開悟，迷和悟是相對的，在迷之中的人，不知道悟是什麼，而對悟了以後的人，他當然也不覺得悟是一個真實的東西。在迷中不見悟，悟後的人也不以為自己是悟。這便沒有執著，叫作真自在。迷的人是有「我」的，那個「我」是什麼？是「我」和「我所有」。其實分析一下，這個「我」本身是不存在的，只有「我所有」才是存在。第一，我們的身體是「我的身體」，不是「我」。至於我的錢、我的家……這些都是「我的」。並沒有一個真正是「我」，並沒有可以指得出、可以感受得到的「我」存在。所以，把「我的」當成「我」就叫迷。

最近我遇到一位年紀很大的商人，他退休後告訴我：「我現在解脫自在了。」我問：「你怎麼解脫自在呢？」他說：「我將職務、財產全部給我兒子，所以我沒事了！」我又問：「你的兒子是不是你的？」他說：「兒子當然是我的，誰也搶不走。」我說：「你解脫不了！因為你的兒子還是你的啊！」諸位想想他解脫了嗎？如果還有一個「我的」觀念，有一個「我的什麼東西」，那麼你還是迷人，並不是悟者。因此，凡夫是住在煩惱之中，所以不得解脫。

而小乘的聖人，他住於解脫之中，好像是解脫，但不是大解脫。真正大乘的佛、菩薩的大自在，是心中無我。例如《金剛經》說的「無我、無人、無眾生」。

其無我、無人、無眾生，並不是說就沒有行為、沒有行動，而是以他的慈悲、智慧幫助任何一眾生，這才是真正的叫作「自在」。

六、迷與悟

現在介紹迷和悟的例子，因為悟才是解脫，迷就是不自在。有二位修道人同時出去參訪行腳，途中，發生了這樣的故事：

因有二句話說：「有佛處不得住」，「無佛處急走過」。有佛的地方不要停留，無佛的地方也趕快走過。有一天，他們見到一座寺廟裡面有佛像，迷的一個說：「寺裡面有佛，我們進去吧！」悟了的一個則說：「既然有佛，快快走，莫停留。」

又一天，看到一所無人管的破廟，裡面也無佛像，迷的修道人說：「這裡面無佛，我們進去吧！」開了悟的則說：「我們是行腳朝聖，既無佛，還進去做什麼？趕快走吧！」

為什麼有佛要走，無佛也要走？因為你心中無佛想找心外的佛，你到處也找不到；若不見心中有佛，只見心外有佛，那就不是真佛，必須急速努力。這說明了如果知道什麼是解脫，什麼是自在，則處處都是佛，處處也都不是佛。

七、相似解脫

再來解釋解脫自在的層次，有所謂相似的解脫，是指凡夫的解脫，也就是我們能夠理解到多少佛法，就能替自己解決多少問題，修行多少就幫自己多少的忙。有人問我，拿念珠有什麼用？是不是掛著好看？是拿在手上數的。數念珠有什麼用？是念一句佛號數一個數字，有時候自己打妄想忘了念佛的時候，還在數，但是只要手還在動，就會提醒自己，剛才是在念佛，趕快再念。那麼念佛又有什麼用？有人認為念佛是為求生西方、求消災、求平安。其實念佛是安心、除煩惱。心中念佛或口頭念佛？有二句話：「念佛不在嘴，參禪不在腿。」就是念佛的時候是用心念，所以「念」字拆開來看，是「現在的心」、「今心」的意思，現在的心在佛號上面，叫作念佛。參禪是用心參而不是僅靠兩腿盤坐的工夫。

佛教的修行方法中，任何一種方法都是在求解脫自在。因為心有煩惱，所以要念佛；因遇到苦難，所以要念菩薩的聖號。念佛、念菩薩當然有感應，即使沒有感應，也是很有用處。對念的人而言，念多久、念多少，本身就會得到多久、多少平安。在二個星期前，我在臺灣的時候，有一位太太來見我，並說：「師父，您幫了我很大的忙，非常感謝。」我說：「不記得幫妳什麼忙啊！」她說：「二年前我的先生喜歡喝酒、玩女人。所以請問師父怎麼辦？您就教我念〈準提咒〉二十萬遍。」我當時告訴她說念二十萬遍的〈準提咒〉，一定會有感應。所以我問她：「妳念了沒有？」她說：「念了。」我又問她：「有感應嗎？」她回答：「有。」於是我說：「那妳先生現在不喝酒、不玩女人了？」她說：「師父，那倒沒有，他還是照樣地喝酒、玩女人。」我感到很奇怪，問她的感應是什麼？她回答：「師父，過去我沒持咒的時候，他喝醉了酒，就覺得好像是我自己喝了酒；他玩女人，好像我自己去做了什麼壞事。現在他喝他的酒、玩他的女人，跟我沒什麼關係。我只要把家照顧得好好的，而我也過得快快樂樂。所以，我覺得有感應啊！」她又說：「本來我知道他在外面做這些壞事，都會與他吵架，結果他幾乎要跟我離婚，而且常常不拿錢回家，人也不回來。那時，我們的家幾乎要破離。而現在，我不會跟他吵架，我們的家庭至少是和平的。所以，我很感謝師父教我念咒。」

有修行、有信仰就有解脫。看我們修行到什麼程度，就能從煩惱中得到什麼程度的解脫自在。對凡夫而言，因不能一次解脫便永遠解脫，所以稱為相似解脫。

八、分證解脫與究竟解脫

另外對菩薩而言，稱為分證解脫自在。所謂分證，是說不是一次解脫之後，就永遠徹底解脫。解脫的程度是不等的，地位低的菩薩，解脫的程度比較淺；地位高的菩薩，解脫的程度比較深。所以，慢慢地修行，到最後才能成佛，只有成佛的時候才是永遠的、圓滿的、究竟的解脫和自在。

我們是要從凡夫進入菩薩的階段，再由菩薩的階段到達佛的層次，所以修行學佛，不能好高騖遠，不是一步登天立即成佛。大乘佛法雖有講到頓悟成佛的觀念，但是頓悟悟理，而修行還是要漸漸地來。禪宗有說到頓悟而漸修，或是漸修而頓悟，這二個觀念其實是相同的。怎麼修行？是要在平常的生活中去體驗。尤其，我們都還是凡夫，當在平常的生活中，以平常的身心來體驗佛法，這是非常重要的事，禪並沒有那麼奧妙，只要在日常生活中留心，便可見到處處都是禪了。

（一九九〇年十月十八日講於香港沙田大會堂，林淑芬居士整理）

禪──平常身心

一、什麼是平常身心？

什麼是平常身心？一般人的身心狀況稱為平常身心，修行修了一段時間，而有了成就的人的身心也叫平常身心。

(一) 平安的身體

普通人的身心狀態，若從身體來說是有病的，從心理而言也是有問題的，但我們卻認為這是正常的。人自出生開始，就是帶著父母的遺傳而有了身體。父母本身沒有絕對的健康，所以，任何一個嬰兒出生的時候，也就帶著若干的病來到這個世間。

有一次我和一位醫生在街上走著，他向一個人打招呼，並跟我介紹他們是他的病人。我很驚訝，因為這二個人看起來沒有病啊！怎會是病人呢？後來我問醫生，他們得了什麼病？他說：「是啊！從醫生立場來看，凡跟我有關係的都是我的病人，雖然你看他是好好的，但他還是有病啊！」從那天之後，我就肯定從醫生的立場來看所有的人都是病人。有的人雖看過醫生，但是病根還沒有完全袪除；有的根本沒發覺有病，但已經潛伏著病因。

既然世界上沒有人不害病，那麼有病是正常的；既是正常的，我們就應該接受它。不需要對病產生恐懼、害怕或怨恨。身是如此，心亦如此。我們的心從出生以來，便是不滿足的，這是因為我們對世界有追求和討厭的二種心態。也就是貪、瞋的心態。永遠追求、執著好的事物；永遠逃避、拒絕、反抗不好的事物。

曾經有一位母親問我：「佛教相信人之初，性本善嗎？」

我說：「那麼妳的意思是人之初，性本惡？」

她回答：「佛教說人人都有佛性，一切眾生皆具佛性，意思就是人之初，性本善。但我很疑惑，因為我有二個孩子，第一個孩子出生後，脾氣很壞、貪心也很重；只要不滿足他，就拳打腳踢，又哭又鬧，讓我覺得他可能是從阿修羅道、餓鬼道投胎來的。後來第二個孩子也降生了，以為他會好一點，想不到卻比他哥哥還壞。帶這二個孩子非常辛苦，給他們很多愛心都沒任何好的反應，無論如何都不能使他們滿意。我氣得只有打他們、罵他們；但卻使他們恨我，更不喜歡我。從孩子身上，我發現人之初，應該是性本惡。」

我告訴她，人無所謂生就是惡、是善，而是從無始以來，一生又一生地帶了許多煩惱，所以出生後，還沒接受教育的時候，他的性格就是人的本性，這是一種煩惱心，帶著煩惱來，所以，自然而然就表現出來。

有一位香港的慈善家告訴我：他的前半生沒做過一件好事。我覺得那是正常的事，因為他前半生沒有想到要做好事，所以，從現在來看，他的前半生是沒做好事，但在那段生活期間，他會想到自己是沒做好事的人嗎？會想到自己不是個好人嗎？

當時如果他想自己不是一個好人，那他已經做了好事。而若他認為自己還不錯，所以不需要做什麼好事，那到了後半生成為慈善家時，才檢討自己前半生沒有做好事，從這個標準來看，誰是好人呢？

所謂病就是身體的病，或心理的病，這二種病加起來，就讓我們不自在。如果我們了解這是一種平常人的身心，那麼我們對於自己的家人或所接觸到的人，就會採取一種容忍、同情、諒解、慈悲的心態。所謂「同病相憐」、「同舟共濟」，我們都是有病的人，病人看病人，彼此互助，這才是一種正常的現象。如果我們把所有的人當成健康的人，而把自己當成病人，這可能有問題發生了，會只希望人家原諒自己，而不原諒別人。

所以，我們應該知道人人都有身體的病及心理的病，他們做了任何對不起我的事，做出了任何對不起社會的事，要給他們一份同情和憐憫，這也是佛法所講的慈悲的精神所在。

而已經開始修行的人，他們的身心也是平常身心。因為他們修行以後，身心會有一種變化，那是平安的身體和平靜的心理。雖然身體可能還是有病，但是他會比較安定，不會因為有病，就像熱鍋上的螞蟻般焦慮、煩躁。有的人生病後，胡亂投醫，什麼醫生都去找，什麼藥都吃。但那就像一條船有許多船長，只會增加不安。也有很多人非常注意身體的保養，但對身體太愛護，反而使其更壞。修行之後，原則是這樣：吃的粗，營養好；吃的少，吸收多；不吃很精緻的東西，但要細嚼慢嚥，只吃七、八分飽，不暴飲暴食，這樣身體自然會平安。

（二）平靜的心理

平靜的心理是怎麼產生？即以一種修養、修行的方法，使我們的心經常保持寧靜。第一個方法就是，當你生氣的時候，或是非常地煩躁，以注意呼吸為方法，注意呼吸在鼻端一進一出，你的心緒就會漸漸平靜下來。就如在演講前，做幾次深呼吸，可緩和緊張的情緒，這也是修禪定的基本方法。

另一種方法是移情作用，藉注意力的移轉，如念阿彌陀佛、觀世音菩薩，來平緩心理的不平衡。例如面臨憤恨不平的事時，不管信不信佛，念一句「阿彌陀佛」，便可把不平的情緒緩和下來。不要只認為念阿彌陀佛，就是求往生西方極樂世界而已，其他無任何用處。所以，在日常生活裡，我們以移轉作用做為解除心理問題的方法，這也就是修行。這種方法平常都可運用。

有人問我說當他生氣時，喜歡罵三字經，一罵氣就消了，所以念佛是不是等於罵三字經？我說不一樣，罵三字經，罵過後心裡還是氣，謾罵對方也使別人生氣，二人氣上加氣，麻煩更多。而念阿彌陀佛，對方認為你是在懺悔，氣也就消了。這不是很有用嗎？

(三) 日日是好日

而一個人修行到相當的程度時，其身心狀況是如何呢？可用「日日是好日」來形容。我們平常人在一星期中，情緒大概三天下雨，二天颳風，另外二天則是晴時多雲。日日是好日，怎麼可能？這句話是雲門禪師問他的弟子：「十五日以前的事不問你們，請把十五日以後的情況告訴我。」弟子們無一個人能回答他，結果他自己回答說：「日日是好日。」

我們平常見面的時候都會問一句：「你好嗎？」「近來好嗎？」這是問候的習慣語，關心著彼此是不是每天都過得很好？但是，真有可能每天都很好嗎？傷風感冒都沒有嗎？不會頭痛、或走路不小心碰到石頭嗎？搬東西時從來不會去掉一塊皮嗎？應該會有，那既然有，怎麼可能天天是好天呢？

我曾經遇到一位四十多歲的法師，有一次我看到他劈柴的時候，劈到了手指，血流了很多。我就問他：「你要緊嗎？」他說：「很好，很好。」我說：「你已經砍掉一半手指了，怎麼還好啊？要不要幫忙？」他說：「很好，我在消業，可能我過去殺了一條豬或一頭牛，現在砍了半根手指消業，以後就沒有事了。」

遇到災難算不算好日呢？當然是了。因為身體雖受了苦，或受人家批評、攻擊，但只要心裡面的狀態天天是正常的、平靜的，不就是日日是好日嗎？

二、現代人的身心

我曾遇到一位年輕人，他沒注意到旁邊有個上了年紀的人，一不小心就踩了他一腳，年輕人害怕得轉身就溜了，而年紀大的那個人及時追趕他。我想不得了，可能會吵架了。等他追上，他抓著年輕人說：「不要怕，對不起，我的腳讓你嚇了一跳。」

（一）身心緊張

現代人的身心狀態是怎樣的情況？第一是身心的緊張，因為我們的時間感覺太短，空間感覺太小，人與人之間的接觸太頻繁，相反地，人與人之間的關係卻愈來愈疏遠。照道理來說，我們接觸的人愈多，應該跟人的關係愈好，事實上卻相反。為什麼？過去的人生活環境比較單純，所以，關係以關懷比較多，而今因為接觸的人多，且現在的人太忙，不知道對哪一個關心才好，所以就不再關懷他人了。那麼現代的人最關心什麼？關心自己。如何關心呢？就是防備，預防所接觸到的人是否會對我們不利，或是挖空心思，想如何讓跟自己接觸的人能對自己有利。如此一來，我們便生活在緊張之中，將見到的人都當作小偷、仇人，甚至自己嚇唬自己，增加自己的緊張。

例如在紐約東初禪寺時，有一對夫婦和他們的孩子來寺裡，因為很久沒看到他們，我就問他們好嗎？他說：「師父，不談也罷，做人、生活不容易啊！我們這幾個月來都是在緊張、奔波之中，所以，今天來求平安，散散心。」我想他們該會留下打打坐或念念佛吧！結果只見他緊張地叫他的家人一起燒香、拜佛，拜完後要趕快走。我便攔住他們說：「稍等一下，你們不是來求平安的嗎？怎麼如此緊張呢？到這兒是希望散散心，讓心平靜點，結果你來了卻這麼緊張。來就是求平安，心要安定下來。」像這種例子是不是很多呢？

（二）物質的緊張

第二種狀態是物質的刺激，所謂物質的刺激是指凡眼睛所見到、耳朵所聽到及嘴巴所吃的，處處都是誘惑，五花八門，眼花撩亂，這是過去社會沒有的現象。

最近有個信徒問我說，因為他有一輛賓士的轎車，所以最近很麻煩，因為臺灣有一個集團專門追蹤勒索坐賓士轎車的人，他說：「這車子怎麼辦啊？」我說：「把它賣掉。」他說：「不能賣，賣了就沒車坐了。」我說：「坐計程車啊！」結果他回答說：「不能坐計程車，太不方便了。」這就是物質條件使得我們不自在。坐了賓士車害怕，不坐又不能過日子。所以，物質條件反而使我們現代人沒辦法得到安全感。

（三）心靈的空虛

第三是心靈的空虛，物質生活豐富的人，不等於他擁有快樂和平安。當一個人心裡感到空虛，便會時時覺得有威脅，並且不易滿足。心靈的空虛就好像是空中的一片羽毛，也像水上的浮萍般，處處飄，不知道何處是落腳的地方，也不知道什麼是真正可依靠的。諸位可能聽過「有錢能使鬼推磨」的俗語，有錢就有勢，有勢就有力，有力就可靠，這幾乎是現代人的觀念，但真的有了錢就是最安全的保障嗎？其實追求錢、權或勢，都是既吃力又空虛的事。

有勢的人怕勢力失去了，失去權勢的時候，比沒有得到權勢前更痛苦。所以有權勢的時候，他就恐懼什麼時候權勢會失去，因此沒有權勢要追求權勢，等失去之時，卻也是真正痛苦的時刻。所以現代的人心靈的空虛比過去的人嚴重，物質條件愈豐富，精神生活愈貧窮。

我們這一代的人是最可憐的，拿我個人來說，如果我不是出家人的話，我可能會覺得我很可憐，乃至生不如死，因為我在臺灣，臺灣的人把我當成是大陸人；我到了日本，他們當我是中國人；等到了美國，美國人說我是東方人；回到大陸，又說我是臺胞，真不知道我究竟是哪裡人？還好出家人是「出家無家，處處家」，否則我就成了「天涯淪落人」。

我不是天涯淪落人，我是處處的主人，無論人家怎麼說都毫無影響，所以出家很好。就如我們曾講的如來如去，到任何地方，在任何時間都能把某一處當成自己的地方；因緣要我走，我就走，走到另一地方亦能安身立命地住下來。如此我們的心靈就不會恐懼了。

（四）失落了自己

此外，失落了自己也是現代人的問題，所謂失落，是說自己被環境所迷，亦為時代所迷，也可以說走在時代的十字路口和環境的岔路，不知道哪個方向才是歸處、才是彼岸。有人問我：「師父，是誰叫你出家的呢？」

我說：「我師父叫我出家的啊！」

他又問：「你那時想出家嗎？有沒有後悔過？」

我說：「其實我不知道要不要出家，人家叫我出家我就出家了，出了家以後，也覺得好像生出來就該出家，所以，我沒有懷疑過是對還是錯，就這樣，便在這條路上一直走了下來。也許我的因緣很好，環境對我的誘惑不多。所以感覺出家很好。」

因為我知道，我大概只能做和尚了，若不做和尚，其他的事我想也不適合我做。可是很多的人不能夠了解自己，也不知道該選擇怎樣的出路，在一生的生命過程中有許多十字路口橫在前面，常常會不知何去何從。

因此就有如香港黃大仙廟的香火鼎盛、臺灣媽祖廟的人潮洶湧。此外還有很多測字攤及算命仙，他們也都生意興隆，這就是因為有許多人，常常失去方向，不知道怎麼辦，所以，去求神、求籤、問神、測字、算命、要求指點迷津。我們這時代的人，還這麼迷信。那是因為失去自信心，便不得不以碰運道心態，求助於迷信的行為。

能有自知之明的自信心者，相當不容易，如果要達成自知自信的目的，需要有二種方法：1.是用佛教的觀念來引導我們、指導我們；2.是要能平衡身心。若對自己有信心，對三寶會有信心；信了三寶對自己就會更認識。所以，佛教的修行方法，就是要我們首先能發現自己的毛病，然後知道自己的優點，便是最基本的方式和作用。

因此，禪的修行的功能，可使我們達到三種目的：1.身體的健康，2.心理的平衡，3.精神的昇華。身心健康之後，便能進入精神健康的領域。所謂精神領域，就是能夠更有智慧、更客觀；愈能客觀的人，精神生活愈豐富，精神力量愈大。希望諸位能有機會學一學禪的修行和方法。

（一九九〇年十月十九日講於香港沙田大會堂，由弟子根據錄音帶整理成稿）

禪——擔水砍柴

禪是很難表達的一種內心的世界，主觀的經驗，只有體驗的人才會明白，對於沒有體驗的人要想通過語言、文字、思考，加以說明解釋，還是如盲人摸象、鴨子聽雷，正如一般人說如人飲水，冷暖自知。我們介紹禪的內容，也只能夠用烘雲托月的方式，以說明雲霧來介紹月亮，無法直接指出月亮是什麼。今天用八個子題向諸位介紹禪的內容和現象。也就是圍繞著本次貴莊嚴寺演講會的召集人張鴻洋居士所指定的主題「擔水砍柴皆是禪」，為諸位做兩個小時的研討。

一、禪是普遍的存在

禪既然是無法形容說明的內在體驗，它就不是一樣實質或有形的現象，但也可能就是所有一切所能被你接觸、發現，或感受到的現象。也就是說，如果沒有體驗到禪，說什麼也不是；如果已經體驗到禪，那就是處處都在，俯拾皆是。

所謂普遍的存在，它是宇宙萬象每個獨立的、個別的事實的存在。比如說，你不是我、人不是牛、水不是火、東不是西、上不是下。而且你對每一個個體，如果深入細微的分析，也有更多更多獨立存在的個體現象，這在佛法的名詞叫作萬法或諸法。每一法都有它的界限、定義、特性。對於一個已經有了禪悟經驗的人，面對著諸法現象，他會清清楚楚、明察秋毫、一目瞭然、次第整齊，那也就是如實地反映。這可從祖師們的語錄中得到證明：

（一）圭峰宗密（西元七八〇—八四一年）禪師云：「鏡明而影像千差，心淨而神通萬應。影像類莊嚴佛國，神通則教化眾生。」

這段話的意思是說，悟後的人，心裡非常平靜。如毫無一絲漣漪的水面，像毫無一點纖塵的鏡面，他可以映現一切的景物而且毫釐不差，所謂如實的應酬，也就是因為心中無事也無物、坦蕩、空曠、明朗，絕對的客觀，所以能夠對於一切的事物都能恰到好處地應對處理，顯現在他心中的千萬種現象，不論美醜、善惡、陰晴、圓缺，無非是佛國的依正莊嚴。隨緣教化無量眾生，而仍能心無罣礙，因為自在所以稱作神通的妙用。

（二）李翺問藥山惟儼（西元七四五—八二八年）：「如何是道？」師曰：「雲在天，水在瓶。」

這段話的意思是說，有一天有一位韓愈的學生李翺，也是一位大學問家，去參訪惟儼禪師，問起：「什麼是道？」因為道在中國儒家、道家、諸子百家，各有各的定義，大致上說「形而上謂之道，形而下謂之器」。老子則說：「道可道非常道。」都是說明道非具體的事物而是抽象的觀念，甚至是不可捉摸的一種存在。李翺當然也知道，佛教所說的道指的是菩提，既是修行的理念和方法，也是修行所證的經驗，看看這位悟道的高僧，怎麼解答「道」的涵義。而禪師的回答很簡單：在天上是雲，裝在瓶裡是水，同樣的東西，有不同的現象，清清楚楚，毫不混亂。水可以變成雲，雲也可以變成水，可是在瓶中的是水，在天上的是雲。這好像同一個人，在不同的場合，有不同的身分，應該非常明白，這就是「道」。不需要把道的涵義想得那麼高深莫測，玄而又玄。這就是禪的立場所見到的世界。

（三）宏智正覺（西元一〇九一—一一五七年）云：「歷歷不昧，處處現成。」

這兩句話的意思是說，悟後的心境，對任何差別的事物、一切的現象，看得清清楚楚，一不是二，三不是一，但是也不會由於現象的錯綜複雜而使自己的方寸失去了方向。所以說處處都是現成的。叫它道也可以，叫它佛也可以，叫它什麼都可以，那就是禪的悟境。

二、禪是內外的統一

此所謂內外的統一，就是全體的和諧。這可以有三個步驟：第一，當你由於打坐或者是按摩，道家所謂導引，印度瑜伽術的體位運動，都可以使得人體的氣脈通暢，而感到身心合一的輕鬆和平安。第二，用打坐或冥想、祈禱等的方式，可以使我們經驗到外在的環境跟內在的心靈，合而為一，此即所謂天人合一的境界現前。第三，用禪定的工夫，專注於修行方法的焦點，漸漸使得前念與後念連續不變，沒有任何雜念出現，那就是定境，是定於一境或一念，那就變成了內在的統一。

如果一位禪師在日常生活中和外界接觸之時，他所表現的層次，應該是屬於內外的統一。這也是讓許多的宗教家及哲學家，認為對「道」的體驗，不論西方或東方，雖有解釋的不同，而體驗的內容，應該是相同的原因。其實從禪的立場來看，它的層次是有深淺的。那就是因為心念的統一，以及連「統一」都要超越的層次，不是語言所能表達，爭論也沒有必要。現在舉三個例子如下：

（一）有人問石頭希遷（西元七〇〇—七九〇年）：「如何是西來意？」石頭答：「問取露柱。」

所謂「西來意」是指禪宗初祖菩提達摩，從印度東來，傳授禪法，那麼究竟傳的是什麼？什麼叫作禪法？能夠說明嗎？能夠讓我們看到嗎？在一般的常識，知道禪法就是心法，需要以心印心，用語言及任何現象都無法表達說明。可是石頭禪師叫他去問露天的木樁或者露天的石柱，不論木樁或石柱都是無生物，不可能給你任何答案。但是在一位悟後的禪師看來，內心的體驗就是外在的環境。而無情的木樁和石柱，和內在的心、自性的佛、印度來的達摩、現在你面前的石頭禪師，都是平等不二，一體無異，所以你要問我石頭，不如去問木樁、石柱就好。

（二）有一僧人問南陽慧忠（西元六七五—七七五年）：「阿哪個是佛心？」師曰：「牆壁瓦礫是。」僧又問：「無情既有心性，還解說法否？」師曰：「他熾然常說，無有間歇。」

這段話的意思，是認為佛心一定是在有情的眾生才有，而且那是無雜、無亂、清淨的自心，那就是大智慧心及大慈悲心。可是從禪悟者的立場，認識佛心，不從理論解釋，而從內心與外境統一的觀點來說明。所以說就是牆壁、就是破磚、就是碎瓦。那位僧人還是不解；接著再問：「像這些無生物也都有佛的真心或清淨的自性，豈不就是跟佛一樣。那麼它們也懂得說法度眾生嗎？」禪師的回答是肯定的：「這些無生物，不但說法，而且非常活躍、熱烈、積極地說法。經常說法，從無間斷。」這比起常識中的佛教觀點，更加灑脫，更加自在。因為當佛成道之時，發現所有一切眾生，無不具備佛的智慧和福德，可是從禪師來看，不只有情眾生如此，乃至於動、植、礦物，一切現象，無不與佛同體。這就是內外統一的體驗。只要心中有佛，心外諸法，無不是佛。

（三）有僧問洞山守初（西元九一〇—九九〇年）：「如何是佛？」師曰：「麻三斤。」問雲門文偃：「如何是佛？」師曰：「乾屎橛。」

這兩個公案在禪宗史上非常有名，不同的人對它有不同的解釋。在正常的佛教徒不會把無情的植物當成佛，更不可能用乾大便來形容佛，可是通過內外統一、凡聖平等、法法皆如的觀點，來看世間的萬象，就可以理解洞山禪師所見的佛才是真的。也就是說，法法是佛，處處是佛。至於那樣的佛究竟是一個身體，還是無量身體？其實既有無量身，也等於處處是佛，處處不是佛，統一就沒有差別，就沒有佛與非佛的問題。

三、禪是內心的自在

前面已經說過，禪悟的體驗是屬於主觀的，解脫的感受是屬於內心的。如果心有所囿、心有所著、心有所繫，便會被境所轉，反之便得解脫。所以禪宗特別重視心的歷練，鍊心又稱為鍊魔，鍊魔的目的稱為選佛。禪修的工夫叫作安心，只要心有牽掛，便不能安。必須無心可用，才能無心可安，便是真的解脫。解脫的人縱然身在囹圄，乃至繩綑索綁，斧鉞加頸，還能夠談笑風生。這就是內心的自在，屬於精神的層次，非局外所能分享及體味的事。

現在舉幾個禪宗的例子來說明：

（一）三祖僧璨（西元？——六〇六年）的〈信心銘〉云：「但莫憎愛，洞然明白。」

一般的人遇順緣則愛，遇逆緣則瞋，順者謂之善，逆者謂之惡。粗人或小人喜怒形於色，瞋愛現於外，有教養的君子雖然能夠瞋愛不形之於色，卻無法不動於心，所以心不自在。《六祖壇經》便告訴我們若能「不思善、不思惡」，便能見到我們與諸佛同根的本來面目。那也就是轉煩惱而成智慧，所以三祖稱之為「洞然明白」，也就是如《心經》所說的「心無罣礙」。明白什麼？就是發現只要心得解脫，就是萬事如意。

（二）牛頭法融（西元五九四—六五七年）的〈心銘〉云：「一切莫作，明寂自現。」

小乘的羅漢聖者，因為已經斷盡煩惱，所以稱為「所作已辦」，自己心中沒有要做的事，也沒有不要做的事。就會體驗到心底的光明，是從不動中產生，既能明而常寂，便會見到自性的佛，就在方寸之間。

（三）清涼澄觀（西元七三八—八三九年）的〈答皇太子問心要〉云：「心心作佛，無一心而非佛心；處處成道，無一塵而非佛國。」

這四句話的意思是說，我們的每一念心，無非佛心，以佛心看世間的每一個極微細的空間，無非佛國的淨土，也就是如果心得自在，此心即是佛心。以自在心看世界，此世界即是佛國，不論外在的環境好壞、順逆，對他來講，都是一樣，這是純粹主觀的解脫境界。可是不要誤會，主觀的解脫並不等於自我催眠，也不等於自我欺騙。因為那是真實的體驗，就好像口渴的人喝到了水，肚飢的人吃到了飯，一樣的真實。

（四）大慧宗杲（西元一〇八九—一一六三年）的《語錄》云：「欲空萬法，先淨自心，自心清淨，諸緣息矣。」

如果心繫一法，便是不空，便有煩惱。如何做到心不繫法，不隨境轉？宗杲禪師告訴我們「先淨自心」就好。淨心的方法很多，在他的《語錄》中，常常教人參無字話頭，當話頭參破之際，便是明心見性之時，便會發現自性本來清淨，到那時節，心外諸法，不論染淨、好壞、善惡，對他已是無可奈何。所謂八風吹不動，便是對於這種心得自在的形容。

四、禪是無我的智慧

禪宗所說的無我、無相、無心，都是指的智慧而言。「無」並不是等於沒有，而是指的心無所住的自我解脫。沒有自我執著，卻有智慧的功能，它的功能，從主觀的表現是解脫，從客觀的表現是慈悲。如果僅僅離開自我的執著，而不能產生慈悲的功能，那一定不是真的解脫。解脫是智慧，慈悲是菩提心。兩者的關係，如鳥的兩翼，車子的兩輪，必須平行發展，缺一不可。現在舉兩個例子如下：

（一）菩提達摩（西元五二七年來華）的〈二入四行〉云：「經云：『法無眾生，離眾生垢故；法無有我，離我垢故。』」又云：「法體無慳，於身命財，行檀捨施，心無悋惜。」又云：「稱化眾生，而不取相。此為自行，復能利他，亦能莊嚴菩提之道。檀施既爾，餘五亦然。」

這段話的意思，是說得道解脫之人，就像《金剛經》所說的無人相、無我相、無眾生相、無壽者相。那是說不會由於自我及眾生等的原因，而產生煩惱，名為「離我垢」及「離眾生垢」。可是，不會因為自我的解脫，而就不度眾生，相反地，更會積極地施捨所有的一切，才能真正表現無我、無慳的智慧與慈悲。所以悟前的人必須修行，悟後的人還要修行，發菩提心是悟前的人為廣度眾生做準備，修行六波羅蜜，是悟後菩薩的正行。

（二）仰山慧寂（西元八〇七—八八三年）問溈山靈祐（西元七七一—八五三年）云：「百千萬境一時來，作麼生？」溈山云：「青不是黃，長不是短，諸法各住自位，非干我事。」

經中說：「法住法位，法爾如是。」意思是說，一切諸法、萬事萬物，都有他們各自的現象和範圍，毫不混亂。在統一的和諧中不失個別的差異現象。若以智慧眼看世間相，每一相各有其自己的位子，所以說，青的不是黃的，長的不是短的，縱然千千萬萬的境界，在你的面前同時出現，你不會黑白顛倒，張冠李戴，可是你也不會為其所動，受其所惑，該怎麼處理就怎麼處理，兵來將擋，水來土掩就好。

五、禪是無著的生命

生命的現象，可以分作一生一世的連續及多生多劫的連續，凡夫的生命是以業力而隨波逐流，生死不已，聖者菩薩的生命是以悲願的力量，往返於無盡的生死大海，廣度無量的眾生。同樣是有生有死，凡夫是無奈的，菩薩是自然的，凡夫是受苦受難，菩薩是救苦救難，其不同的關鍵，就在於心有所著和心無所著。

悟後的禪者，已經心無所著，既不在乎生與死，也不在乎不生不死。因為已證無我，我都沒有，究竟是誰去流轉生死？因為已證無相，那就沒有生死相，也沒有涅槃相。換句話說，我無、法也無，所以能夠不住生死，也不住涅槃，才是大解脫、大涅槃。這也就是為什麼偉大的禪師不需要為他們自己的生死問題擔憂的原因了。現在舉兩個例子如下：

（一）永嘉玄覺（西元六六五—七一三年）初見六祖惠能（西元六三八—七一三年）就說：「生死事大，無常迅速。」而六祖惠能開示他說：「何不體取無生，了無速乎？」〈永嘉證道歌〉則說：「夢裡明明有六趣，覺後空空無大千。」又說：「幾迴生幾迴死，生死悠悠無定止，自從頓悟了無生，於諸榮辱何憂喜。」

這段話告訴我們，永嘉玄覺在未聞六祖惠能開示之前，他還執著生死的問題，如果不了生死，一旦無常到來，究竟何去何從，這是多麼重要而可怕的事！當六祖惠能告訴他不需要害怕生死，也不需要擔心生命的無常，只要體會到生即是無生，迅速無速，那就是生死已了，無常不在。永嘉聽到這樣的開示之後，就把生死的大事解決了，所以要說迷時如做夢，悟後如覺醒。夢中有生死，覺後無世界。所謂無生就是無著的意思，不起煩惱，就是不生分別。畏生死則求涅槃，厭苦欣樂，無非是執著。心無執著，就不在乎生死的可怕，也不會認為涅槃之可取。這是禪悟者對生命的態度。

（二）大珠慧海（馬祖道一的弟子）云：「求大涅槃是生死業，捨垢取淨是生死業。」又云：「本自無縛，不用求解，直用直行，是無等等。」

這段話的意思非常明顯。本來，涅槃和生死、垢和淨、縛和解，都是相對的。唯有從生死才知有涅槃，從垢才知有淨，從縛才知有解。因此，追求涅槃一定是在生死中，追求清淨一定是在垢穢中，追求解脫一定是在束縛中。唯有心無所著，既不畏懼生死，也不追求涅槃；既不討厭垢穢，也不心喜清淨；既不感到束縛，也就不用解脫。那才是活活潑潑、無牽無掛、自由自在的禪的生命現象。

六、禪是活潑的生活

禪的本身不是宗教，也不是哲學，而是一種生活的理念、方式、內涵。不過跟平常人的生活不同。禪者生活的目的，不是為自己追求什麼、表現什麼、丟掉什麼，也不一定要為環境的好壞而歡樂及苦惱，只要跟著一般的人過平常的生活，該做的做，不該做的不做；能做的做，不能做的不做。努力，既不為自己也不為他人，只是盡其生活的責任。所以，他的原則，既是心不隨境，同時也心不離境。不隨境遷，是禪定的工夫；心不離境，是智慧的作用。也就是寂而常照，照而常寂。能寂所以離相無相；能照所以日常活用。活用而不流俗，亦無煩惱，那是智慧的功能。普通的人，心若動便迷失了自己，心若靜便閉塞了自己，那不是禪者的生活。

現在舉二個例子如下：

（一）《六祖壇經》云：「不是風動，不是旛動，仁者心動。」

這個故事許多人耳熟能詳，是因為六祖惠能大師在廣州法性寺，見到二僧議論風和旛，一曰風動，一曰旛動，爭持不下。惠能大師告訴他們：那個動的現象，既不是風也不是旛，而是你們二位自己的心，心隨境動。所以知道景物在動，這是常識，並沒有錯。如果深一層考察，知道景物在動的，是人的心，也沒有錯。如果堅持認為旛動或者風動，就成了引生煩惱的原因。可是，凡夫的心動，叫作分別和執著，因為他有主見，就是心有所住，就會失去活潑自由的精神。禪悟者的心，照樣會動，不過心無所住，沒有執著，所以是智慧的照明作用。因為心無罣礙，所以活潑自在。

（二）《六祖壇經》的「無相頌」云：「佛法在世間，不離世間覺。」又云：「煩惱闇宅中，常須生慧日。」

類似這樣的理念，在禪籍中可以發現很多，許多人誤解禪宗，扭曲佛教是消極、逃避、厭世的，也的確有許多學佛學禪的人，表現出這樣的心態。事實上，禪宗是絕對積極、入世、化世的。它不僅是理論、也不僅是信仰，而是一種活潑、自在、踏實的生活。只要能夠練習和體驗到不因為順逆環境而產生愛瞋的衝動，就能太平無事，自由自在。所以，佛法就在平常生活之中，離開平常生活而追求佛法，那就像是龜毛兔角，根本沒有這樣的事。因為，悟前的禪者，只要知道他們未悟，便與悟境相近，一旦發現事實本來如此，擺下一切欣厭的執著，就是悟境現前。可見，迷與悟，原來貼鄰而住，甚至就是一物的二名。智慧生於煩惱而用於煩惱。拖泥帶水，瞻前顧後，猶豫不決，愛此瞋彼，就會處處障礙。如果，見怪不怪，知道是煩惱而不拒不迎，當下就是智慧，就能左右逢源地灑脫自在。

七、禪是運水與搬柴

現代人的工作所得稱為薪水，有它的典故，是指古代的讀書人和官吏，淡泊清廉，生活得非常節儉，朝廷所給的待遇，僅夠買柴燒水，而不敷主食與副食之需，所以稱為薪水。

在古代禪修者的生活，比之於書生還要簡樸，連柴與水都無人提供，必須自給自足，所以人人需要勞作，每天的恆課之中，一定會有運水搬柴的「坡事」。故在禪語之中，就有龐蘊居士（西元？—八〇八年）所說的「神通并妙用，運水及搬柴。」便是禪悟者的生活寫照。這也就是說，對於禪者而言，日常生活中，處處是禪機，待人接物時，事事有禪意。

生活就是禪。在今天的社會，除了家庭生活還有工作的環境、社會的環境，在工作的環境之中，又有工、商、農，還有軍、公、教，乃至自由職業的宗教、文化、娛樂、餐飲等生活方式。不像古代禪者生活那樣地簡單，從早到晚只有寺院的作息。所謂吃飯、睡覺、走路，以及廚房和莊園的工作。所以在禪宗的語錄中，常常發現禪師們就用這些生活現象，來表達他們活用的智慧。例如：

（一）有源律師問大珠慧海（馬祖道一的弟子）：「和尚修道，還用功否？」師曰：「用功。」問：「如何用功？」師曰：「饑來喫飯困來即眠。」

（二）有一僧問溈山靈祐：「師的法道為何？」師曰：「一粥一飯。」

（三）有一僧問趙州從諗（西元七七八—八九七年）：「學人迷昧，乞師指示。」師云：「喫粥也未？」僧云：「喫粥也。」師云：「洗缽去。」

（四）黃檗希運（西元八四七—八五九年間歿）曾云：「終日喫飯，未曾咬著一粒米；終日行，未曾踏著一片地。」

以上四個例子，都講到吃飯，其中一個例子講睡眠，一個例子講行路，實際上，就是以此而代表了我們日常生活中的行、住、坐、臥，衣、食、住、行的生活行為。未悟的迷人，把「道」看得很玄，想得很遠，真像儒聖所說：「瞻之在前，忽焉在後。」又說：「仰之彌高，鑽之彌堅。」可是通常禪者的體驗，「道」並沒有那麼神祕。只要凡事離瞋、離愛、離自我中心的價值判斷，那就是道、悟、解脫、智慧。總之，禪不離現實的生活。

在兩年前，有一位居士，送我一盒好大的紫色葡萄，經過供佛之後，他一定要我吃給他看，我初嘗一口，覺得非常鮮美，甜度適當，而且有馥郁的清香，所以我連聲說好吃，旁邊一個弟子見了就說：「看，師父也貪吃。」那位居士在一旁，看了非常歡喜。到了第三天，那位弟子把葡萄依舊全部留給我吃，而那位居士又給我送來了另外兩盒同樣的葡萄。我就對他們說：「我沒有準備開葡萄酒廠，幹嘛把這麼多的葡萄給我？」

他們一僧一俗，異口同音：「怎麼師父前天愛吃，今天又不愛吃了？」

我向他們笑笑，嘆一口氣：「好吃，是事實，貪吃則不然。」然後告訴他們：對於一個修行的人而言，應該也有和常人具備的常理、常識和常態的價值判斷，但他如果對好的就貪，不好的就瞋，那就離開了道心。

八、禪非南北與東西

本文開頭就說，禪境不是能夠通過語言、文字、思考而加以說明解釋的，所以稱為不立文字、直指人心、教外別傳的心法。凡是時間上的過去、未來、現在，空間上的前後、左右、上下，都是符號的標誌，沒有一定的意義，也不代表實質的東西。但是，宇宙的存在，離開這些之外，也就成了虛無的觀念，但看我們如何去體驗，是則處處是，非則樣樣非，這在禪宗的公案之中，也可以見到不少的例子，那就是不離方位、不著方位；不離時空、不著時空的禪者境界。

（一）《六祖壇經》記載，六祖到五祖處，說自己是從南方來，五祖就說：「欲求何物？」答：「求作佛。」五祖云：「汝是嶺南人，又是獦獠，若為堪作佛？」六祖答：「人雖有南北，佛性本無南北。」

（二）趙州從諗在北方教化，有僧新到，便問：「什麼處來？」僧答：「南方來。」師云：「佛法盡在南方，汝來這裡作什麼？」僧答：「佛法豈有南北耶？」

師嘆曰：「只是個擔板漢。」

以上兩則對話，看來似屬於不同的層次，第一則中的六祖惠能認為：人有南北之分，佛性應該南北平等。五祖弘忍對之未表示肯定，也未表示否定。第二則中的僧人認為：佛法沒有南北之別，便被趙州禪師指為用肩擔板的笨漢。事實上，禪悟者為了考驗學人，說南說北，目的是在聲東擊西，只求破除學人心中的執礙，不在於他們所說的南北東西，若能當下會得，便成禪悟的靈機。

（三）馬祖道一的弟子西堂智藏（西元七三五—八一四年），往見慧忠國師，忠問：「馬大師說什麼法？」藏即從東過西而立，慧忠國師曰：「只這個，更別有？」智藏卻過東邊立。忠國師云：「這個是馬師的，仁者作麼生？」智藏禪師曰：「早個呈似和尚了。」

這則公案中的一主一賓，相互問答，有色有聲，活潑自在，有言等於無言，無言即是有言。馬祖大師的「法」，只可以心領神會，不可用口說手呈。因為四大威儀的行、住、坐、臥以及時空的任何一點，是則全是，非亦全非。所以，從東到西是，從西至東也是，那便是任運自在的表現。如果心有所鍾，念有所執，便會觸途成滯，處處不通，樣樣不是。

不管你是不是信佛、學佛，禪悟者的這種心胸，則不可不知，不得不學。那會使你生活得更加豐富、更加愉快，更加踏實、更加自在。

（本文綱目的一大部分，一九九〇年十二月八日講於美國紐約莊嚴寺。後經補充，成稿於同月十日東初禪寺）

禪——人類意識

由於時間的限制，我們只能概念性地將人類意識的作用與功能從禪的立場分三個重點來介紹。

一、佛教對人類意識的分析

佛教把意識分為「心」、「意」、「識」，三個彼此相關的名詞。「心」，有真、妄。妄心是指煩惱，真心是講的智慧。所謂妄心，即是人類的意識作用。而所有人類的意識作用都是主觀的，有利害、得失的判斷或觀念，都不是真的，所以叫煩惱。唯有離開意識的作用，外在的環境和現象是什麼就是什麼，不加上自己主觀的、判斷的，那才是真的，才是智慧。也就是說，離開自我中心及主觀判斷之後，存在於純客觀的狀態，才叫智慧，亦即是真心。真與妄，兩者的心理活動是相同的，所不同的，在於有我和無我。

妄心，又分成含有分別執著的意念作用的「意」，和沒有分別作用的、生命的主體或本體的「識」。也就是「意」識和「本」識。

一般常識或心理學，只承認人類及高等動物如象、馬、牛、猴、狗等有意識的作用，而否定低等動物如毛蟲、蚯蚓等也有意識的作用。但是，由佛教的立場來看，則承認牠們都有意識的作用或識的本能。高等動物，有分別的意識作用以及生命持續的本識，具備兩個層次的識；低等動物雖然沒有分別的意識作用，但牠們確具備基礎的本識，否則便不可能成為流轉生死的生命。

佛教的主要目的在度人，要幫忙人類去妄識而存真心，去煩惱而證菩提，以修行而使意識的作用變成智慧，也就是去意識和本識而僅僅存下了智慧的真心，不受業力影響而得自由、得解脫。能夠體驗到真心即是智慧的作用，那就叫作「開悟」。

佛教既然把識分成本識和意識，本識是一切的人，一切的動物，甚至最低等動物都有的，而意識則是由本識而產生的，所以由本識基本的立場來看，眾生是平等的。因此，佛教的慈悲，除了要救濟人類，還要幫助所有有識的眾生。

二、禪宗對意識的看法

禪宗通常不用意識這個名詞，經常所用的是「心」字。他們講的佛心，是指的真心，是智慧；而他們講的眾生心，是指的妄心，是煩惱。

禪宗的目的是明心見性。明什麼心？見什麼性？明真心，見佛性。眾生的心，由於有自我的意識、自我的立場和自我的觀點，便不能客觀，所以是黑暗的。明心，就是脫離自我中心以後所顯露的智慧，即是真心。真心顯現後，才能見到人人本具、眾生皆有的佛性。

由禪宗的立場來看。通常不管是真、是妄，都叫作「心」，不叫「識」，也不叫「意」。因此，禪宗的語錄等文獻，都是在討論「心」的問題。對於一個還沒開始修行的人，他心裡是不安定的，心裡的不安定則表示有煩惱，發現有煩惱時就希望能夠從修行的方法上得到幫助。這個修行的方法叫作安心、息心、澄心、觀心，這些都是從妄心著眼的。在這次你們為我的演講而做宣傳的廣告上有「初心」二字，是指初發心，就是初發菩提心。菩提心的意思就是智慧光明的真心。

因此，只有理解禪宗的人才能知道禪師們在不同場合所講的同一個「心」

字，是指的智慧心呢？還是妄念心。在修行的過程中是屬於妄心，而修行的目的則是真心。所以，不論是基礎、過程、目的，都可用一個「心」字來表達。

但是，西方的心理學僅僅用 consciousness（意識）一個名詞，就沒有辦法說明佛教整個過程裡邊的那個「心」字了。西方的心理學以及一般人所了解的意識，對佛教的所謂真心和本識就很難說明。有智慧者的心理活動，是不是也叫作意識？已經得到解脫的人，在以無私的、無我的智慧如實地反映之時，如果還是叫它意識活動，那意識的定義就可能變成很含糊了。如果一定要把解脫者的智慧和一般人的煩惱都叫它是意識作用的話，那就應說成清淨的意識和不清淨的意識才好。

三、如何處理意識的問題？

西方人處理自己的問題時，大概是從了解和分析自己的問題做起。禪的方法，則是教我們擺下自己的問題，才是真正地處理了問題。如何能擺下自己的問題？初步的方法，就是多為他人而少想自己。助人解決問題就是慈悲，慈悲從哪兒來？從菩提心來。發菩提心的第一步，就是放下自我的私欲，解救眾生的苦難。當你努力去幫助眾生離苦得樂的時候，你自己的問題也會同時消失。自我中心的漸輕漸弱，就是去妄心而明真心的過程，也就是轉煩惱而成智慧的過程。

心理醫生對待他們的病人，可能要問很多問題，病人在和心理醫生談過一次話之後，可能覺得已把問題解決了。但是，過了幾天，他們還會再來。嚴重的病人可能看了幾十年病，還是需要看心理醫生。但是，對禪者來講，不需要知道人家那麼多，如果了解他們主要問題在哪裡時，根本不需要知道他們問題的背景是什麼，只要告訴他們一、兩句話，他們的問題就可以解決了，所以比較省力。

用禪的原則處理問題，只要是觀念正確，原則清楚，便能多多少少地幫助自己也幫助別人。所謂原則，便是不一定要正面的來給他解答問題，最好是讓有問題的人自己來面對它，或者是乾脆讓有問題的人不管那問題。

如何面對問題？即是告訴自己：任何事物、現象的發生，都有它一定的原因。我們不須追究原因，也無暇追究原因，唯有面對它、改善它，才是最直接、最要緊的。如果面對它亦無法解決，或不可能設法解決的話，則乾脆不去管它。那就會不了了之，不了即了。

因此，禪宗的祖師們，對弟子們的接引和問答，往往都是答非所問，或者是根本不答，或者以動作來協助他們。

曾經有位禪師，見到一位求法的僧人推門求見，他便把門立刻關上，一連三次都是這樣。到第四次時，那位僧人用快動作把門推開，禪師亦以快動作把門關上，正好把那僧人的腿給壓斷了。本來他是要去問開悟的方法，當腿子被壓斷時，他已經什麼也不需要問了。

另外一則，是關於馬祖和他弟子之間發生的故事：有一天，有位僧人請示馬祖：「能不能請您把菩提達摩從西天（印度）帶來的是什麼告訴我？」馬祖說：「我今天沒有這個心情，你去問智藏師兄吧！」僧問智藏，智藏說：「我今天頭痛，你可問懷海師兄去！」僧問懷海，懷海則說：「這我倒也不會了，你還是去問馬大師吧！」僧人又回到馬祖面前。馬祖罵道：「你真是個笨蛋！智藏的頭髮是白的，懷海的頭髮是黑的。」就這樣已經把問題解決了。

從修行的方法來說，禪宗為人解決問題的方法有兩種：一種是離念的方法，另外一種叫觀想的方法。以上所舉的兩個例子，是屬於離念法，又叫不立文字的頓悟法，也就是不必通過經驗、知識、思考、學問的過程和努力，只要當下把自己放到時間與空間之外，把自我意識的屏障全部抖落，赤裸裸的，一絲不掛的，那就叫作「心無罣礙」。那也就是「不立文字」的「直指人心」。

第二種是所謂觀想的方法，是用轉移意識的焦點，或把意識專注於某一句話、一樁事、一個點、某一個念頭。例如用數息觀，是注意呼吸的出入，以及呼吸的數目，或者注意小腹蠕動；有的是注意念佛時所念的佛號或菩薩聖號；或者是觀想人的身體，從死亡、經腐爛、而到只剩一副白骨，到最後，骨頭也沒有，只剩下白光。用這種觀想法，也可以使人的煩惱和意識漸漸沉澱、澄淨，而漸漸產生智慧。

所以禪的方法，跟心理醫生或精神病醫生的治療方法不一樣。但是，有嚴重精神病和心理問題的人，可以用打坐的方法做為輔助治療；卻不可希望從治病而要求達到開悟的目的，否則會引發更嚴重的精神病或心理的問題。

（一九九〇年十一月八日講於美國紐約市立大學布洛倫學院，陳淑梅居士整理）

禪——心理健康

一、佛法治心病

佛教原先在印度出現，釋迦牟尼佛開始就是為了替人類治病。人類的病，應該說是與生俱來，生出來就已經開始害病。沒有害病的人還沒有生出來，如果他出生以後，一定死了以後才沒有病。所以，在人生的過程中，不管是身體的或是心理的，都是會有病痛的。佛說，身體的病，應該找醫生看；心理的病，應該用佛法來治療。

不過，人的心理愈健康，身體的病也會愈少，對於身體病痛的感受，也會減少。所以，佛的救世、救人的心比救人的身體問題更重要。

若能把心理的病，全部治好的話，就叫作解脫。如果身體健康而心理不健康，這種人比身體有病更痛苦。所以佛說的苦，是指生理與心理兩種，但是更重要的是心理的苦。如果身體有病而心理很健康的話，身體的病是可以忍受的。

身體的病應該叫痛，心理的病才叫作苦。佛法不是用來除痛的，因為那不是麻醉針，而是用來救苦的。

二、苦的原因

苦的原因，從佛法的立場來看，一共有兩種：

（一）從無始的無明而產生

西方的宗教是講有開始的，西方的哲學、科學也講宇宙什麼時候開始的問題。但是很不容易解決「什麼時候才算真正開始」的問題。所以佛教說無始，就像一個圓環，不知從哪裡開始。一定有開始的地方，但是找不到。因為每一點都可以是開始的地方，所以叫無始。因此，要問我們的苦從哪裡來，佛教回答這問題是：從沒有開始就有了，它的源頭叫作無始無明。

（二）煩惱的因果循環

從前因會產生後果，這果又變成另一個因，再產生另一個後果。在時間上不斷地往前走，不斷地製造未來的因。

在我們現實的生活中，煩惱共有三類：

1從自然的環境中來

三藩市是個好地方，有薄霧，有涼風，有海灣景觀，但是也會冷，也會熱。許多人將三藩市看作是人間天堂，但住在三藩市的人照樣會病。剛才我在車上，一位居士打噴嚏。我說：「妳怎麼生病了？」她說：「不是，是我對冷空氣敏感。」我以為住在天堂的人不會害病，像三藩市這麼好的地方也有人生病，而且還有一間這樣的總醫院在這裡。三藩市這個地方，天氣再好，空氣再清新，環境照樣會使我們害病。在這裡偶爾也會遇上可怕的地震及連年的乾旱。在若干種食物裡面也會偶有毒素。

2從社會的人際關係來

人與人之間的關係，讓我們產生煩惱。哪些人給我們煩惱最多？很多人認為是仇人。其實不一定，很可能是你家裡的先生、太太、兒女。跟你吵架吵得最多的不一定是你的仇人，而可能是你的親人。我們在社會上，除了親人之外，一般的朋友，不論認識與不認識，產生了關係，有些會給我們幫助，有些會給我們煩惱；有時給我們幫助，有時給我們煩惱。處身在他們之間，經常互相競爭。昨天我去史丹福大學演講，有人告訴我：「學術界最黑暗，鬥爭最厲害。」照道理說，學者們的學問好，思想高明，頭腦聰明，應該懂得彼此諒解，互相幫助，不應我鬥你爭。但是學問愈好的人，往往鬥爭愈厲害。下焉者為權爭、為名爭、為利爭，上焉者為思想觀念、為不同的看法而爭持不下。這種現象，到處一樣。只要有人的地方，彼此就會競爭。你看不起我，我比你更驕傲。請問：你們從來沒有發現什麼人跟你競爭過嗎？你也從來沒有跟任何人競爭過嗎？達爾文說：「物競天擇，適者生存。」不過這是物性，不是人性，更不是佛性，所以會為人類帶來煩惱。

3 出於我們內心情緒的掙扎

我們最大的敵人，不是在外面，而是我們自己。因為我們常常改變我們的主意和我們的想法。若對昨天的我而後悔，或因昨天的我而高傲，就會產生情緒變化，那就是煩惱。常常由於輕重緩急的關係、親疏利害的關係、大小多少的關係、高低深淺的關係等，使得自己沒有辦法做決定。常常考慮到得與失、對或錯、正與負，使得自己舉棋不定，這是最痛苦的事。而且，認為自己內心沒有問題，卻又常常生氣，常常難過。我曾問過類似的一個人：「你怎麼會有那麼多的煩惱？」他說：「我自己不會有煩惱，都是那些人讓我煩惱。」實際上，他們自己有了問題，才引起人際的問題。

昨天在我坐的汽車上，另有其他四個人，高聲談話，講得很多。有一個人問我：「師父，我們吵成這樣，真對不起你。」我說：「你們吵你們的，跟我沒什麼關係。」其實，他們吵鬧，我是全部聽到了。不過，內容既與我無關，聲音便不太重要。今天早上，其中有一個人跟我講：「有些人怕吵，只要聽到我們吵鬧聲音的時候，就厭煩生氣。」這看起來，好像是從外來的一種煩惱，其實，是他們自己本身的問題。

三、五大類煩惱

心理的煩惱有五大類：1.貪欲，2.憤怒，3.愚癡，4.傲慢，5.懷疑。這是從佛教的觀點做的分類。

如果當我們煩惱起時，可以分析一下，這是屬於哪一類的？當我們知道是屬於哪一類煩惱的時候，這種煩惱便會相對地減少。當有貪欲的煩惱時，要反觀自己，知道在貪，並告訴自己是在貪，那時你的貪欲煩惱的氣勢，自然會下降。

當你因為憤怒而痛苦煩惱時，你若能夠反省一下，你知道自己正在憤怒，你憤怒得很痛苦，應該告訴你自己：「我怎麼會自找苦吃，自尋煩惱？」這時候你的痛苦和憤怒也會漸漸減少。那時要向內看心，不要望外看你的環境，不是在看那個問題，而是告訴自己：「沒有必要如此煩惱。」

當你有愚蠢的行為而產生苦惱之時，如果能發覺你自己愚蠢，這時候你的苦惱便會相對地減少。當你會說：「I am so stupid!」（我是如此地蠢！），你已知道自己愚蠢，因蠢而生的煩惱，也就會不藥而癒了。

類似的情形，還可用到傲慢上去。看來傲慢並不是煩惱。其實，傲慢的起因是自卑，自卑的原因是無自信，無自信的原因是缺乏安全感，所以也是一種苦惱。

另外，懷疑會帶來痛苦，因為懷疑，不能做決定，不敢相信自己，也沒有心量相信人，對事、對人、對自己，狐疑不信，優柔寡斷，你會非常苦惱。如果你知道因為懷疑而會帶來痛苦，應該這樣想：「我希望要完成這樣的事，就得寧可相信這是好的、對的，不要懷疑了。」那你才會真的去用，著手去做。有人在結婚以前，已經決定要結婚，卻在懷疑：「我們結婚以後，將來會不會離婚？我結婚以後，將來的那一半會不會遺棄我？我結婚以前，對方是不是說了謊？」這樣懷疑對方，要想在結婚以後，有個和樂的家庭很難，因在還沒有結婚以前，就已經很痛苦了。本來是不會離婚的，因為懷疑，疑心生暗鬼，各懷鬼胎的結果，可能很快就會離婚了。所以，當你有懷疑心的時候，應該告訴自己：「我如真的懷疑，就不碰他。如果非得有他不可，就得接受他、相信他。」否則就等於明知山有虎，偏向虎山行，自討苦吃，何苦來哉！不過，完全沒有懷疑心是不可能的，有一點懷疑是正常的。也可以說：凡夫有病是正常的。

四、不平衡的原因

心理不平衡的原因，可有五項：

（一）不自量力的追求和抗拒

也就是不管自己的力量有多大，沒有考慮到本身的力量而貪得無厭。對於無法避免、無法抗拒的事實，希望能夠無理地逃避、無知地抗拒。這種情形，通常的每一個人多少都有一些，尤其年輕人多會認為自己有能力，自己可辦到，自己的潛力非常強。人家能做的事，自己也能做；人家能得到的東西，自己也能得到。可是一旦遇到挫折或不如意的逆境現前時，他們便希望負嵎頑抗。因為力量不夠，註定了會失敗。

(二) 永遠不能滿足地伸展和征服

永遠希望伸展自己，也是世人的通性，把自己的思想行為，施展出影響他人的力量，無限制地往外延伸。有些人是為名而爭，希望全世界的人都能知道他。另有一些人是為權力而爭，希望用自己來征服他人乃至全世界的人。也有一些人為利而爭，希望自己成為億萬富翁，富甲天下。即使在家庭裡面，也可以常常發現：太太希望征服丈夫、丈夫希望征服太太的例子。為了名利權力而針鋒相對，水火不容，發生在個人之間、團體之間、社會之間、國家之間、民族之間的情況，屢見不鮮，永無了時。

（三）傲慢

有了成就的時候，就會驕傲，傲與慢不易分開，並與謙虛相悖，虛能容物，有容乃大；傲盛則狂，狂則自傷而且傷害大眾了。

（四）怨尤

當在遭遇到失敗的時候，仍能鼓起勇氣，努力不懈的人很少，多半就會懊喪、氣餒、怨天尤人。殊不知人生的遭遇，必定有其原因，不信因果，光是詛咒，於事無補。

（五）疑懼

懷疑心較重的人，一定沒有安全感。

五、如何平衡心理？

如何平衡人的心理？從一般人來看，心理病可能用三種方法來處理：

第一種，自己騙自己，說自己沒有病，那是諱疾忌醫，相當可憐。

第二種，知道自己有病，承認心理不平衡，但是他自己認為可用控制壓抑的工夫幫助自己。結果壓抑愈久，問題愈大，也是非常可憐！

第三種，是請心理醫生，用分析的、解釋的方法來疏導，用藥物來治療。這可以有幫助，但是只可以幫助一部分，只能夠幫助一時間。因為醫生只能夠知道你一部分，你自己也只知道一部分，並沒有完全知道你自己是害什麼病，醫生也並不完全知道你的病因是什麼。經過疏導以後，好像是把問題解決了，過了一段時間，又會發現問題還在那裡。所以，有人看了十多年、二十年的心理醫生，還需要常看心理醫生。心理醫生看這種病人看多了，結果他們自己也會患上了心理病。

六、禪佛教的心病療法

如何用禪佛教的方法治療心理的病苦？

（一）用觀念的方法，可以試舉三種：

1因果的觀念

因果觀念是宗教的信仰，也是事實如此。所謂事實，是在現實的生活裡面，我們做任何事，都會有反應，有結果。如果通過宗教的信仰，就相信這一生之前還有前生，前生還有前生，有無量無數的前生。此生之後還有來生，若不解脫，會有無量無數的來生。我們現在所得到的結果，也許會有很多不公平的事。有不公平的事，這應該是從過去生所得到的結果。如果我們具足這個信心或這種觀念的話，遇到任何不平的事而又無能克服、無法解決、無法抗拒之時，也可以泰然自若地面對它、接受它了。

2 因緣的觀念

一切的現象都是由於不同因素的聚合而產生，也由不同的因緣關係而消失。當我們知道任何事的成功之時，不需要那麼興奮，也不需要那麼高傲，因為完成一件事絕不僅是出於個人的力量，而是來自天時、地利、人和，眾多的因緣共同的力量。如果遇到逆境，遇到壞的情況發生之時，也用不著太難過，因為有一位西方哲學家說過：「當黑夜非常黑的時候，就知道離天亮已經近了。」所以任何現象的出現或消失，都是因緣生、因緣滅，哪裡用得著去為之難過或興奮呢？如能心理平靜，就會健康長壽。

3慈悲的觀念

普通人總是希望人家慈悲自己，自己則不必慈悲人家。很多人自己做錯事的時候，常希望人家能夠原諒自己，而說：「請你們不要用聖人的尺度來要求我嘛！」但是看到人家有錯誤的時候，就要得理不饒人了：「你是應該做對的，你為什麼做錯了？」這就是不慈悲。

慈悲可有四個原則：⑴要調和自心的矛盾，⑵要憐憫他人的愚蠢，⑶要原諒他人的錯誤，⑷要關懷他人的苦難。其中第一個要調和自心的矛盾，特別重要。要想自己的心裡安定平穩，必須先要有因果觀念和因緣觀念。自心平和，然後才可能有真慈悲心來關懷他人。你若能夠憐憫他人、原諒他人和關懷他人，就可保證你的心理已經是相當健康了。

㈡用修行的方法，可以試舉兩類：

1念佛

念佛有兩種作用：⑴念佛求生佛國淨土，他就能夠把自己的希望，寄託在永遠的未來，而把現在的麻煩，放下不管。⑵可以轉變心理的問題。當心理不平衡時，把心念轉向持名念佛，專注佛菩薩的聖號上去，就能暫時擱下不平衡的問題。所以我常勸人家說：「當你發脾氣要罵人的時候，就念阿彌陀佛。」等於是說：你生氣的時候，把問題交給阿彌陀佛。

2 靜坐

靜坐的功能可以把散亂的心集中，把不平衡的心安定，然後散念消失，正念相繼，便叫作入定。在這種情況下，任何人任何事，都不會使你煩惱了。然後從定的程度，進一步親證無我的智慧，那便是叫作開悟。悟境出現的時候，心理一定是相當健康的了。不過悟有大小，如屬小悟，在悟的那段時間，心理沒有問題，悟境過後也可能又有問題。但是，有過開悟經驗的，已經知道如何去解決那些問題了。所以，縱然是小悟，也比沒悟的好。

（一九九〇年十月二十五日講於美國三藩市市立總醫院，楊泳漢醫師整理）

禪——內外和平

一、心的內外

當我們向內觀察自己的內心時，常會發現我們的心不在內而在外，那麼內在與外在是否成對立的呢？站在佛教的觀點來看，內在與外在是統一而非對立的，只要內心安寧清淨，所見的外在世界也是安寧清淨的。然而一般人因為內心與外界，有許多的矛盾與衝突，而感到萬分的痛苦。如果我們能運用佛教的觀念及修行的方法，使得內外和諧，那麼我們的身心自然能夠得到安樂與自在。

二、佛教所見的內在與外在

(一) 佛教的宇宙觀與人生觀

佛教的宇宙觀是由人的內在完成的，外在的世界只是反映著過去內心的造作，因為業由心起而萬法唯心所現，個人的小世界是自己個人業力所現，外在的世界是大家共同的共業所感。由無明煩惱為因，而有人生宇宙的結果，無始無明的煩惱使人產生心理及生理的行為，再由身心的行為產生後續生活及生命的結果，在獲得生活及生命之延續結果的同時，又由於厭苦與求樂的本能而不斷地造作新的身心行為，如此由因至果，從果生因，便形成相續不斷的生命現象，這就是三世流轉。而這個生命現象的起因是內心的無明煩惱，因為個人內心有煩惱而不能平靜，造成外在世界也不能平和。

（二）佛教內在與外在的統一論

眾生與聖人所不同之處在於心的染淨，眾生的心不清淨而有雜染，相反的聖人的心是清淨而無染，心有染故眾生所見的宇宙也不清淨。佛教將世界分為精神的心法與物質的色法，人生與宇宙是由精神的心法與物質的色法組合而成的。在精神與物質二者之中，以精神的心法為要，因為精神的心法是內在生命的動力，而外界的色法是生命的現象，「心」的精神加上「色」的物質，則有人生宇宙的各種現象。我們必須依靠內在的精神才能認識外在的物質世界，如果離開精神，物質的世界對我們來說，就等於不存在。如果我們希望世界和平，首先每個人的內心必須平和，一般人只是希望世界和平而自己的內心卻無法平和，那麼這個世界是不可能和平的，有人希望世界和平而瞋恨戰爭，這個人的內心便是不平和。有兩個人在爭論，其中一人主張和平是不需要戰爭的，而另一個人卻主張只有戰爭才能達到和平的目的。正在劇烈的爭論時，那位主張戰爭的人問那位主張和平的人說：「既然你主張和平，那為什麼又要與我爭論呢？爭論就是不和平。」像這樣的兩種人比比皆是。

三、佛教的目的在於內外的和諧

（一）世間是苦的事實

1自我和外在的對立與衝突

我們這個世界充滿了痛苦，而苦的原因，是起於個人自己，與外在的自然環境，及社會環境的對立與衝突，在社會中常常見到人與人之間總是有衝突，父與子鬥，親戚朋友互相對立，甚至於鬥爭，是非常普遍的現象，你有沒有見到過結婚後從不吵架的夫妻嗎？當一對夫妻爭吵時，總是覺得對方是錯誤的，是因為對方的錯誤，給自己帶來無限的痛苦。

有一位太太常與先生吵架而感到十分煩惱，當我問她為什麼這麼煩惱時，她卻回答說：「我自己本身並沒有煩惱，而是我先生帶給我無比的煩惱。」

2自我與內心的矛盾衝突

(1)取與捨，利與害的衝突：當我們面臨抉擇時，在取與捨之間總是無所適從，在做了決定後又患得患失。

有一天一位皈依女弟子問我說她要結婚了好不好？我回答說：「很好，妳要結婚為什麼要問我呢？」她說：「我有三個很好的對象，但是我不知道要跟哪一位結婚才好，因為我無法在三者中選擇一個，所以才來請教師父。」於是我建議這個女弟子在三個對象中選一位來見我，過了一天她果真帶了一位男朋友來見我，我立刻告訴她：「這位最好！」她回答說：「但是你還沒有見到另外兩位，他們也很不錯啊！」我說：「那妳就抽籤決定好了，但是妳要知道，妳之所以先帶這位來，必定有妳的原因。」結果她還是跟那位被她帶來給我看的男朋友結婚了。

(2)理智與情感的衝突：一般人通常用理智處理他人的事，而用情感來處理自己的事，這就是所謂的「當局者迷」的原因。

有一位名醫師，當他的兒子生病時，總是要請別的醫生為他兒子治病，有人好奇地問這位名醫說：「你既然是一位名醫，為什麼不能為自己的兒子治病呢？」他說：「正因為那是我的兒子，我害怕自己不能很理智地診斷及治療，因而可能造成錯誤的結果。別的醫師與我兒子並沒有親情的關係，他會很冷靜地用理智為我兒子做正確的診斷與治療。」以此可知，我們如果用情感來處理事情，往往容易造成錯誤。

(3)前念與後念的衝突：昨天的想法到今天已經改變了，昨天認為對的而今天卻認為是錯的，今天決定的事，到了明天可能又要改變，有人改變得太快，因而對自己的決定起了懷疑。如果一個人常常在改變自己的決定，這個人的內心，一定不能安定，內心不安定，他跟著來的生活，也就不能安定了。

(4)自我的失落與盲目的追求：有一位年輕人，每當我見到他時，他都是在生氣，於是我就問他說：「你為什麼總是在生氣呢？」他回答：「這個世界已經瘋狂了，我昨天計畫好的事，今天的情況就已經改變了，我永遠無法追上這個世界，所以讓我很生氣。」這個人自己沒有原則性的目標，一味跟著環境的風浪浮動翻滾，而去盲目地追求，今天看到東邊好就要向東走，明天覺得西邊更好，又要往西跑，由於外境的誘惑，瞬息變遷，便引起了他內心的不安與混亂，因而失去了安定及安全。

（二）離苦得樂，便是內外的寧靜與和平

1用佛教的理論可以疏導我們

(1)因果觀：我們所遭遇到的一切好事與壞事，都有其原因，若不是今生所造之因，必是過去無量世中所造之因。所以遇到好事不必驕傲，遇到壞事也不必惱恨，及時努力求進步、求改善，才是最好的決定。

禪宗的初祖菩提達摩曾說：①遇到惡境應修「報冤行」。既是過去自作的惡因，現在當受惡果。好像你自己弄髒了手，趕緊洗手最要緊，不先洗手，而先埋怨或計較弄髒了手的責任那是蠢人。②遇到善境當修「隨緣行」。既然是過去自

作的善因，現在當受善果。好像你開支票向銀行提出大筆原屬於你自己的存款，如果還以為那是飛來的橫財而高興不已，豈不是傻瓜。

(2)因緣觀：世間的現象不是一個人可以成就的，而是眾緣合和而成的。曾有一位大公司的老闆，很驕傲地對我說：「我們的公司有三萬員工，都是靠我生活的。」我問他說：「如果所有的員工，都不替你的公司工作，或者你無法找到足夠而適當的員工，那時你的公司，仍然可以存在嗎？」這位老闆就是一個不能了解因緣觀的實例。

我們所處的環境，都是由於各種因緣的結合而出現。因緣不斷地在變動，現象也跟著不斷地改變。所以好的無常，壞的也無常，不必太高興，不用太悲傷，繼續向好的方向努力，才是最重要的。

2用修行的方法達到內心的平靜

修行的方法很多，例如誦經、持咒、禮拜、念佛號及念菩薩聖號，都是修行的方法。但從一般來說，以修行坐禪的方法，最容易達到內心平靜的效果。當然，打坐的時候，首先要有正確的坐姿及呼吸的方法，使得全身放鬆之後，再用調心的方法，把散亂心集中起來，再由集中了的心境，進而達到前念與後念的統一。

因此，在達到內心統一的過程中，有三個層次：

(1)身與心的統一：在這個時候我們會忘記自己身體的存在，同時會感到非常輕鬆。

(2)內心與外境的統一：當你達到這個境界之時，你會覺得身外的環境與你自己的身心是一體的。所以最大者並不在外，至深者也不在內，此時內心與外境統一而成一體，體驗到所謂「天地與我同根，萬物與我一體」。所以能有「仁民愛物」的心量。當你有了如此的經驗之時，對於世上的好壞美醜，不但沒有分別，而且都是無比地可愛。

(3)前後念的統一：當你到達這種境界時，時間的感覺和空間的概念已不存在，因為前與後對你來說並無差別，這就是所謂的入定。當在入定之時，身心、世界、時間、空間，都無差別，僅是現實的存在。對你而言，整個宇宙，都只有一個全體的存在。有了這種經驗的人，在出定後，仍然會有一段時期停留在內外統一的感受中。

四、參禪的方法

（一）《維摩經》云：「隨成就眾生則佛土淨。」又云：「隨其心淨則佛土淨。」

若能發願救濟一切眾生，便能無怨無敵，便能得到內心的安寧及世界和平。如果萬事不為自己而只為眾生，此人便會生起慈悲心，有慈悲心者必能與智慧相應，有智慧者必與自在的解脫相應。

在諸佛眼裡所見的現實世界，原本清淨，所見的一切眾生，皆是平等。只因眾生的心不安寧、心不清淨、心有雜染，眾生所見的世界，就不是安寧和清淨的，所見的眾生，也不是能夠平等的。

（二）禪宗的安心法

禪宗說：「參禪不在腿。」這是說，參禪不一定要靠打坐，而開悟也不一定是因為修行，只要心得平安，萬事便容易解決。

禪宗二祖慧可見初祖菩提達摩時，希望初祖為他安心，菩提達摩說：「將心拿來，我與你安。」結果慧可覓心不可得。達摩就說：「已經給你把心安了。」心即是念，考察每一個念頭，若不是屬於過去就是屬於未來的。過去已成過去，未來尚未出現，所以永遠也找不到現在的念頭。

牛頭法融是禪宗五祖弘忍的同門，當他見到四祖道信時，四祖問他：「誰在觀心？心是何物？」二祖慧可都找不到心，當然牛頭法融也一樣地找不到心，因此牛頭聽了四祖的問話就開悟了。

《六祖壇經》說：「憎愛不關心，長伸兩腳臥。」當愛與憎都與你無關之時，你就可以伸長兩條腿，好好睡覺了。這並不表示開悟的人無事可做，而是說心中無事可煩。例如當雲巖禪師問百丈大師說：「你終日為誰忙碌？」百丈答道：「因為我自己已無事可做，所以專為需要他的人而忙碌。」

如果我們能用佛教的觀念及修行的方法使得自己內心平衡、安定，那麼我們所見的外在世界，必然也是和平的。我們更要努力地幫助別人，使得所有與佛法有緣的人，也能同樣地得到心內、心外的平靜與和平，世界上的紛爭，也會因此而減少再減少了。

（一九九〇年十月二十九日講於美國北加州的 Ukiah Sarwa Dharma，屬於西藏白教系統的西方人團體，講出時的英文題目是"Inner Peace and Outer Peace"，由哈佛大學的音樂博士Dr. Loni Baur女士擔任英語翻譯。嗣後由甘桂穗居士根據我的演講大綱及錄音帶，分別整理成為中、英文稿）

禪——你·我·他

有一位禪宗祖師在開悟後，非常歡喜而手舞足蹈。別人問他：「你為什麼這麼歡喜？」他說：「我現在才發現我的鼻孔，原來是朝下的。」未開悟者與開悟者之不同，在於前者有分別、有執著、有煩惱、有「你、我、他」。所謂「你、我、他」是人與人間產生的反應。「我」在中間，以我為主，與前面的「你」和後面的「他」相互牽絆。但是，一切問題的重心在「我」。而如《金剛經》云：「無我相、無人相、無眾生相、無壽者相」是沒有「你、我、他」的存在。

當釋迦牟尼佛傳佛法的涅槃妙心予大弟子迦葉尊者時，佛僅拈花而迦葉微笑，師徒之間不說一字一句。相傳禪宗第一代祖師菩提達摩，在嵩山少林寺面壁九年，亦不曾言語。真正的禪是無法可說，雖然說出來的絕不是禪，可是，仍然需要用言語介紹什麼是禪。

一、禪是什麼？

禪是佛法。我所理解的禪，是釋迦牟尼佛所說的佛法、是佛教的教理，只不過用禪的方法，可以很直接、很快速地有受用、得利益。禪，不是口頭說的，是生活中親身體驗的。如果僅是口頭說的，一定不是禪。

釋迦牟尼佛說法四十九年，臨涅槃時指示，四十九年的說法，未曾說得一字。因此，真實的佛法是無法可說，可說的是方便法。譬如手指指月，手指不等於是月亮。如果沒有方便法，讓人們體會佛法，則無法接受佛法的利益。

二、禪是離開文字、語言或符號

佛法是不可思議，所謂「不可思」，是無法用頭腦想像，「不可議」，是無法用言語議論、介紹或說明，即使千言萬語，也無法表示出完整的佛法。所以，禪宗祖師有句話：「說似一物，即不中」，又說：「開口即錯，動念即乖」，只要開口說出任何一件事，都是錯的。

有一位禪宗祖師未開悟前問師父：「佛法是什麼？」

「南京的蘿蔔。」或說：「青州的布衫。」師父回答。意即，蘿蔔是禪，青衫也是禪。

又有弟子問：「禪是什麼？」

祖師說：「你吃飯了沒有？」

弟子說：「還沒吃。」

祖師說：「洗碗筷了沒有？」

弟子吃過了飯，再來問：「什麼是禪？」

祖師說：「你洗碗筷去吧！」

弟子答：「還沒洗。」

洗了碗筷，又來問：「什麼叫作禪？」

每個人每天都在做著穿衣、吃飯、洗碗筷、睡覺等事情，而在這些日常瑣事中，如果有「我」的執著心存在，看到的任何事物都不是「禪」；放下自我的執著，見到的一切皆是禪。

三、禪在世間，不離世間

佛法告訴我們，世間是虛妄的。因為我們不了解世間是虛妄的，遂引出種種執著，產生許多煩惱。佛告訴我們人無法離開生老病死。佛法在人間最大的用處，就是教人如何離開、解決生老病死苦。因此產生很大的誤解，有人厭惡生死，認為自殺、離開世間，便得離苦，這非但不是脫苦的方法，甚至是苦上加苦。

佛告訴我們的方法是修學佛法。除卻心中的執著，消除煩惱，則對生死無有恐懼，才是解脫、離苦。《六祖壇經》云：「佛法在世間，不離世間覺。離世覓菩提，恰如求兔角。」因此，並不是離開世間，就是脫離苦海。不是離開世間，還有一佛法可求。

世間有人忘卻自己的困難、痛苦，而以解決眾生之苦難為職志，這是修菩薩行的人。菩薩也會受苦挨餓、遇害、遭凌辱，但受眾生之所依賴、寄託，為使眾生離苦得樂，而沒有自我中心的自私心，因此，不覺得是在受苦。所以，發菩薩心的佛教徒和一般沒有學佛的人，所見到的世間是不一樣的。

佛法和世間法是不即不離、非有非無、不一不異，即佛法不離世間法。菩薩知苦而不覺苦，但是世間的苦確是實際存在的。對凡夫而言，世間法是世間法，佛法是佛法。菩薩或發菩提心的人，在世上做種種事，皆不離佛法，因此，對他們而言，佛法和世間法是一樣的。

四、「你・我・他」是世間法

所謂世間是指時間和空間。時間是從古到今往未來，是因果的循環，是因果的繼續不斷。空間是無限廣大的世間，它說明一切人、事、物彼此發生的關係，是因果不可思議，是因緣不可思議。

有幾位居士對我說：「我的過去生究竟做了什麼事，使我這一生，這麼受苦，在家中，夫妻間、兒女間彼此摩擦、爭吵，在社會上，親戚、朋友、同事、同學間也有不愉快，究竟造了什麼罪？」

我說：「你現在受的果報，皆是你過去對人做過同樣的事。從無始以來，由於貪瞋癡、無明暗動，而做出殺、盜、淫、妄等惡業，世世惡業交纏，致因果複雜不可思議，因緣也不可思議。」

因此，只要修行佛法，放下自我中心的「我」，「你、我、他」不分家，則罪業漸消，煩惱漸滅，苦漸少，當沒有受苦的煩惱時，就不覺得自己在受報，這個世界亦如佛國淨土一般。境既隨心轉了，所見到的人，都是好人，所有的事，都是好事，則不論佛國、人間或地獄，皆能安然處之，如此即是禪。

五、「你・我・他」就是禪

釋迦牟尼佛出世，即是要度眾生，佛法在世間受重視，就是因人有執著、煩惱苦，故需要佛法。佛經記載，須彌山之北的北俱盧洲，彼處人民，思食得食，思衣得衣，且壽命長，無有諸苦，亦無佛法。又說，欲界的天國中，天人有天福，無苦的感受，故不需佛法，也不知修行。既無機會修行，也不可能成佛。而在人間，有「你、我、他」的存在，有苦的經驗，所以諸佛因此而能修行成佛，佛國淨土因此而建立，菩薩、羅漢因而有自利利他的度化。雖然「我」不是好的，但是沒有「我」，我們不知學佛修行。因此，修行，當從「我」開始。

六、煩惱是產生智慧的根源

《六祖壇經》云：「煩惱闇宅中，常須生慧日。邪來煩惱至，正來煩惱除。」

學佛就是要除卻煩惱、求得智慧。但是，不要討厭煩惱。沒有煩惱，則不需要有智慧，也不知智慧是什麼。發覺當下的煩惱是煩惱時，就已不是煩惱。修行時才能發現有煩惱，修行者隨時警覺有煩惱的暗流在心中時起時滅，而注意不為煩惱所轉。

有人向我說：「打坐時，頭腦裡，時常有妄念，妄念中，時常有壞念頭出現，而在念經、念佛時也會產生妄念及壞念頭，這樣子，罪過豈不是愈大了？」

我對他說：「你的業正在消，你的煩惱正在減少，你的智慧漸漸增長，所以你能在念經、念佛中，發現起了妄想。」

有清淨的正念，才能發現自己有煩惱的邪念。修行的人，不要怕有煩惱、妄念或邪念。有一自我中心做主宰，當自己發現有邪念時，這邪念已不存在。煩惱，必定有對象，不是「你」就是「他」，不論「你」、「他」是物或人，如果沒有「你」、「他」，便不可能有煩惱。因此，當自己發現起煩惱時，要感謝使你產生煩惱的人、事、物，因為，他們是在幫助你修行。

七、沒有分別心，即是禪

所謂「煩惱即是禪」，是就已經在修行或已經產生智慧者而言。因智慧而知有煩惱，便是禪。如果沒有修行，不知有煩惱，智慧不生，則煩惱依然是煩惱。

《六祖壇經》云：「邪正俱不用，清淨至無餘。菩提本自性，起心即是妄。淨心在妄中，但正無三障。」這是悟後的境界。若是以世間禪定的工夫，修行到身心統一、內外統一的無「你、我、他」的分別，這是屬於世間定的境界。雖然，煩惱心不現前，可是「我」仍存在於「有」與「無」之間。當感覺「無」時，事實上，在「無」之外，還有「有」；當感覺全體統一時，在「我」之外，還有一個「無」。

佛法的禪悟與世間的禪定不同，對於「你、我、他」瞭然於心，而不是視而不見。但是，沒有相對的執著心。

求智慧或除煩惱，是增加煩惱的原因，因為有一個「我」要求智慧，有一個「我」要除煩惱。禪宗的方法，就是將這個「我」通底打得乾淨，才是智慧顯現。所以，不論起清淨心或煩惱心，皆是妄心。

因此，修行的人，不要討厭煩惱心，煩惱心便會漸漸減少。「煩惱即菩提，生死即涅槃」一句，是教示修行的人，不要追求菩提，也不要討厭煩惱，知道有煩惱即是正在修行，煩惱本身是產生菩提的原因。

（一九八八年三月七日講於高雄女中）

禪——多・一・無

所謂多，是多多益善。一，是大一統。無，是了無一法當前，沒有執著。我將今天的主題分七段說明。

一、禪是萬法

萬法是所有一切現象。用現代的名詞解釋，是自然的、物理的、心理的、生理的現象。一切可用眼睛看、耳朵聽、身體接觸或心思考的，都是法。法也是道理、原理，由原理而產生的種種人、事、物的活動現象。

禪是佛法，佛法不離世間法，佛法教人從踏實的生活中體驗萬法，淨化人心，而成為覺者。覺萬法是因緣所生，萬法是暫時的、變易的。了解萬法既然是因緣所成，則須以努力不懈的精神，改善自己和環境。也因努力改善因緣，致力修行，則成佛是可能的。所以，佛教不是消極的，而是積極的，入世的，是努力主義者。

萬法有虛妄法和真實法。虛妄法是「多」、是「二」，從時間的過程或空間的位置產生變化，稱為「多」種現象。因未認清一切現象皆由因緣所生、變化無常，認為種種現象是永遠存在，而去追求、占有或排斥，所以便產生「多」。如果知道萬法是虛妄的，則易看得破、放得下、捨得掉。如此，看一切現象而不理會、不逃避、不執著一切現象，這樣就是返妄歸真。

在宗教或哲學的範圍，將「真」視為一永遠不變的真理或真神。佛教認為所謂的真理、真神，仍然是一種執著，佛法說「一法不可得」，不論真理、真神或任何一法，都不是真實的，是屬於人的虛妄執著。

但是，修行佛法或禪，還是須從「多」的妄想分別開始，經過統一的階段，才能到達「無」的層次。禪宗有句名言：「萬法歸一，一歸何所？」萬法歸一，是宗教的經驗，也是哲學的理論。「萬法」是形而下的，到「歸一」，則是形而上的，「一」是宗教與哲學共同的歸處。

宗教家看一切現象，皆是由神創造，最後仍歸於神。哲學家看形而下的一切事物，皆是從宇宙的原理或原則出現，一切事、物既不離宇宙的原理或原則，便是統一的現象。

可是，哲學家或宗教家的觀念裡，有一個很大的矛盾，既有「一」就有「二」，「一」本身不能單獨存在。譬如在黑板上畫一圓圈代表一，這個「一」不是獨立存在，而是因為有黑板才現出圓圈的面貌，黑板和圓圈，實際上是二。如果，神是一，則此「一」是存在何處？如果原理或原則是一，則此「一」又在何處？「一」是因對立的「無」而存在，既有對立，便是「二」不是「一」。

二、禪，一即是多

有人問趙州禪師：「萬法歸一，一歸何所？」

趙州禪師回答：「老僧在青州作得一領布衫，重七斤。」當時，禪師身穿一件在青州縫製的新長衫，長衫就是法。禪師的回答，說明任何現象皆不離「一」，萬法即是「一」，「一」也是由萬法而來。道家云：「一生二，二生三，三生萬物。」所謂「一生二」，實際上，一是由二而生，一不是圓滿的，一不離多，一和萬法是相同的。

若欲在現象外，追求所謂神或真理的「一」，似嫌生僻，也太抽象，除非是宗教家或哲學家。而禪卻教人只做普通的人，做人的事，說人的話。

三、禪，多即是一

趙州禪師有一次上堂說法時，開示三句話：「金佛不度爐，木佛不度火，泥佛不度水，真佛內裡坐。」「菩提、涅槃、真如、佛性，盡是貼體衣服。」「實際理地，什麼處著？一心不生，萬法無咎。」

不論是金造的、木雕的或泥塑的佛像，都是代表佛。對學佛中的人而言，佛像是一種修行的工具，或禮拜，或供養。修行到某一程度，了解一切法不是真的，了解真正的佛不在心外而是在心內，清淨心即佛。到達這種層次，便是由多歸一，由心外的萬法（多），回歸內心的佛性（一）。

可是，如果執著有一佛性或清淨的心，則仍是煩惱。禪師的第二句話：「菩提、涅槃、真如、佛性，盡是貼體衣服。」佛性、菩提、涅槃，既僅如身上穿的衣服，也是煩惱。如果真如、佛性像衣服，我們這個身體又是什麼呢？如果菩提、涅槃是煩惱，什麼才是沒有煩惱呢？

一般學佛的人，都希望了生脫死、證菩提、見佛性、入涅槃。緊抱著一種叫作真如、稱為佛性的東西，這是尚未離開由多歸一而至由一歸無，是執著也是貪。因此，宗教上回歸真理或神的最高層次，並未得到解脫。哲學上，回歸到理念的層次，亦未解脫，仍然有執著。

第三句：「實際理地，什麼處著？一心不生，萬法無咎。」所謂一心，是統一的、不變的、經常在同一狀態中的念頭，即使一心也不產生，才是無念，才是離開虛妄，真正解脫。因此，認為自己得解脫，或認為自己正在解脫中的人，並沒有得解脫。

要達到一心不生，不容易。真正到一心不生，就是無念、無雜念，甚至一念也沒有，這便是大自在、大智慧的人。他雖在萬法中，見萬法，隨萬法做一切事，不妨礙他的一心不生。

四、禪，不是多、不是一，也不是無

在修行的過程中，念佛、拜佛而能見佛，是初步的階段，但是已經很不容易了，淨土宗的宗旨，就是要見佛，而在禪宗的修行過程中，也會見種種相。《金剛經》云：「凡所有相，皆是虛妄。」因此，當見相時，不要執著。

趙州禪師說：「有佛處不得住，無佛處急走過。」意謂不論有佛無佛，都不執著。一般人認為，佛在寺廟、佛堂或在西天。寺院、佛堂中的佛像，不是真佛。而佛在西天，也是方便說。由《阿彌陀經》記載「常以清旦，各以衣裓，盛眾妙華，供養他方十萬億佛，即以食時還到本國」，可知所謂西方極樂世界，未必就在西方。而是一切世界，都在西方極樂世界，也未離開西方極樂世界。凡夫未得大解脫，需要依賴阿彌陀佛的願力，接引往生極樂世界。

一佛即是諸佛，諸佛依願力不同，而有諸佛國土各各方便度眾，並非真正有這種世界。雖然不是真有諸佛世界，可是，不能斷然否定，無有西方，沒有諸佛。因此，不論執著於十方諸佛的「多」，或一切佛同一體性的「一」，都不是真。如果執這種「多」或「一」的觀念者，就如同得到佛的衣服，沒有得到佛的身體。

介紹觀世音菩薩的經典中記載，觀世音在阿彌陀佛涅槃之後，在西方極樂世界成佛。如此可知阿彌陀佛度眾生的願和緣會告一段落，極樂世界也不是永遠存在，如果執著極樂世界永遠存在，則與其他宗教所謂「天國永恆」是一樣的。不論執著有一永恆的佛或有十方三世諸佛，皆屬常見。而執著沒有西方極樂世界，沒有一佛或十方三世諸佛，這不是佛法、不是禪，是無神論的外道斷見。

不論執著有佛、有佛國淨土，或無佛、無佛國淨土，都是錯的，都是煩惱。但是，初機學佛者，必要執著有，至修行到相當高程度時，煩惱漸少，則勿執著有或無，放下煩惱，才能明心見性。

五、無住生心即是禪

《金剛經》云：「應無所住而生其心。」無住，是不執著，「多」、「一」，或「無」都不執著。沒有修行或修行者剛開始所見的世界是「多」。已修行到相當程度者，已在「一」的層次。

宗教上，修世間定者，到達「一」的程度時，至少是無相定或無色界的「四空定」。統一的層次有三，即身心統一、內外統一、時空統一。到達身心統一時，感覺身心已無，煩惱不見。到達內外統一時，則「我」與外在的人、事、物是合而為一的，對任何人，乃至植物，皆生仁慈心，這是博愛為仁的愛。到時空統一時，則無時間和空間的存在。時空統一有四種境界：空無邊處、識無邊處、無所有處、非想非非想處。

慈悲有三層次：即生緣慈、法緣慈及無緣慈。修行到萬法歸一的境地，有「我與一切眾生同體，要度一切眾生」的悲願，是第二層次的法緣慈。能將「一」也放下，是大菩薩的無緣慈。曾經有人對我說：「現在，我已經解脫、開悟了。」此人是否有開悟、有解脫，不予置評，重要的是，有否執著，執著於煩惱是住於煩惱，執著於開悟、解脫，也是住於煩惱。「無住」是不執著、無煩惱，是真正的解脫。真的解脫者是心無執著而生智慧心，隨緣度眾，應機教化。

「饑來喫飯睏來眠」這句禪宗祖師的名言，說明開悟的人，仍然和平常人一樣，過平常的生活，不會有標新立異、荒誕古怪的行徑。

趙州禪師有句話：「明珠在掌，胡來胡現，漢來漢現。」明珠本身沒有主觀色彩。以明珠喻心，對眾生的教化，沒有主觀的成見，應不同眾生的需求而給予不同的救濟。又言：「第一等人來，禪床上接；中等人來，下禪床接；末等人來，三門外接。」上根器者，對三寶信心堅定；中等根器者，雖認識佛法但是信心不足；下等根器者，不了解三寶，以不同的方式接待、教化，或使信心堅定，或使心生歡喜而擁護三寶。

六、禪的修行

《六祖壇經》云：「無念為宗、無相為體、無住為本。」心不受外界汙染，不為外境所動，是無念。離一切外在相，是無相。有一位出家人問趙州禪師：「狗子有佛性否？」禪師答：「無。」再問：「上至諸佛下至螻蟻，皆有佛性，為何狗子則無？」對眾生而言，眾生因分別、執著的業識顯現而認為有佛性，對開悟的人而言，已無執著，為破除問話者對佛性的執著，故回答：「無。」禪的修行宗旨在於無，且不執著無。

七、禪的修行方法

禪的修行方法有三階段：

第一階段，看山是山：譬如念佛、拜佛、持咒或打坐，從妄念紛飛到集中於一。

第二階段，看山不是山：由參話頭開始，使產生疑團，再破疑團，即從一到無。

第三階段，看山還是山：既不執著「一」、「多」，更把「無」也放下，回歸於現實的世界，和一般人生活一樣，以智慧心、清淨心，在人間廣度眾生。

（一九八八年三月八日講於高雄女中）

有分別與無分別

分別是一種知識、知能。如果沒有分別作用的話，則天下渾沌。然而，佛法是要我們從有分別的執著心達到無分別的解脫心。

因為有分別所以有煩惱，有煩惱所以不離生死，不離生死所以在生死裡流轉不已；在生死裡流轉不已，所以你欠我，我欠你，自無始生死以來，不知道跟多少的眾生產生了恩恩怨怨的因緣關係。

有的人認為彼此有緣是好事，若有善緣當然是好事，能以佛法結緣就更好。若有惡緣，卻不是好事。因此，你、我、他能夠碰在一起，不論是過去的善緣或惡緣，都是有緣。為什麼有人要說「人生不如意事十常八九」？那是由於善緣少而惡緣多，所以相遇時，多半會你推我一把，我踢你一腳。但有些人在某些時候，也會你扶我一把，我謝你一聲的，這是什麼原因呢？是由於人與人之間有了善惡與恩怨的分別。

但是，有分別心並不一定不好，人世間文明的推展，人類生存品質以及生活環境的改善，都需要我們以自我中心的分別，來完成自利利人的目的。為了長遠地保護自己，為了個人的更大利益，我們必須健全與自己有關的每一個人及每一件事。亦即說，除了個人的身心之外，家庭、家族、社會、國家、世界的每一個人員以及每一件事物的利害關係，都和我們不可分割。可見，初以自己為中心，漸漸地，也能擴展成為利益他人，乃至利益全體人類一切眾生。

不過，修行佛法的最終目的是要達到無分別的境界。何謂無分別？若依《金剛經》的說法便是無我相、無人相、無眾生相、無壽者相。我、人、眾生，是空間相，壽者是時間相。凡有空間與時間觀念的，都是有分別，有分別便是有執著，有執著便不能無煩惱。不論執小執大、執局部執全體、執空執有、執真執妄，都不出時空的妄想分別，皆是煩惱的異名。

妄想分別的自我，有小有大：個人中心的自我，是小我；而全人類乃至全宇宙的一切眾生的自我，是大我。通常將小我稱為自私的我，大我則被稱為博愛、稱為無我。雖然大我比小我偉大，但依舊未離分別執著，仍然是生滅變遷的世間法。大我對哲學家來說是一種觀念，對藝術家及宗教家則是一種認同和經驗。因此不論是物質現象，心理現象或是精神現象，皆是暫有的，所以佛教主張的無相，才是離開分別執著的自在解脫。

有些人修行，自認為已到無我的境界，但實際上，他們最多只是離開小我，體驗到大我的味道而已。縱然他們已有「天地與我同根，萬物與我一體」的經驗，卻還是在分別執著的三界之中。

佛法所講的「無我」，又分作兩個層次：一為小乘證「人我空」，而出三界入涅槃。既離個人的小我，也不見全體的大我，以世間一切現象為因緣生滅的虛幻，以出世間的涅槃境界為不生不滅的真實。他們不執大我為我，卻以不生不滅的涅槃法為我。二為大乘證「法我空」，既不以世間的因緣法為真實，也不以離開世間的涅槃法為真實。

從大乘佛法的立場來看，小乘羅漢的涅槃，也是短暫的，他們雖已從煩惱生死獲得解脫，卻還必須再進一步，迴小向大，迴小乘而轉入大乘，然後才能成佛，才能達到最究竟。因此大乘佛法對三界生死輪迴的這個環境，並不需要逃避、害怕，只要當下能夠對現實的三界生死環境不起執著心，就可以做到處在生死而不受生死的煩惱所困。能在生死之中而不受生死的痛苦所惱，這才是真正的大解脫人。

成了佛的人，不會逃避，也就是說「不住生死」、「不住涅槃」，這樣才是大涅槃。不住生死就是不受生死束縛。不住涅槃是自在應化於眾生生死的環境之中。所以，菩薩是在世間而又是出世間的；並不是逃避了現實以後才稱作菩薩。大菩薩一定是住於世間而不為世間的煩惱所困擾；成了佛以後，則與法界一切眾生同在，只要有眾生的地方，他都無所不在。

（一九八八年元月三十一日北投農禪寺禪坐會開示）

正道與邪道

今天的題目是「正道與邪道」。在現今的社會是不是還有邪道？請各位不要誤會，認為邪道一定是很壞的，那不一定。

我現在分五個段落來介紹演講的內容：一、何謂道，二、何謂正道，三、何謂邪道，四、層次分明的邪正之間，五、邪正不二與邪正分明。

一、何謂道？

(一) 中國思想中的道

有好幾層意思：

1. 行走的道路。大家都走的路，叫道路。

2. 宇宙萬事萬物的根源，哲學上叫本體，又叫上帝或神；在中國古書上稱為上帝的地方很多，也有稱為神或形而上的都是道。一般人說的常理，就是經常的道理、常法，也就是自然的法則；普通的、自然的道理，就是宇宙萬物的根源，那就是道。

3.道亦可說是方法、技術、技能，學了技術後，能為別人服務，能為自己謀生，叫作生活之道。

（二）佛教思想中的道

「道」有修行的道路和法則之意，有修行的結果之意，就是成佛、成道、成菩提道、證菩提果。

談到修行的道路和法則，可從幾部經典來論，《大智度論》中：「道名一道，一向趣涅槃」，就是要達到涅槃的結果。《俱舍論》中講的道就是涅槃路，能以修行的法則達到涅槃的目的。

趣入涅槃的層次可分為人天、二乘、菩薩的三個階段。通常人認為佛教是出世的，學佛的目的就是達到涅槃、離開生死。其實，以小乘佛法來說，並非不管人間生活，即可達涅槃，而大乘佛法更是以入世達成出世目的。要出世必先把人間的道德完成，才能達到出世的目的，不可能做為人的標準還不夠，就能進入涅槃境界。

因此，佛教修行的層次，必先從人的標準開始，然後達到生天的標準，再進一步出生死，而能離開生死的三界進入涅槃；有進入涅槃的能力，才能更積極地行菩薩道。所以，修行是從人開始，即使有能力進入涅槃的境界，還是要回到人間，普度眾生，才是真正佛教的目的。

《大智度論》中提到，道有四種：一為人天道，二為小乘道，三為菩薩道，四為佛道。

如果要成佛，要從菩薩道開始，要修菩薩道，但也不能違背小乘道；要修小乘道當先以人天道為基礎，人天道是一切道的基礎。

我們都是人，在人間所關心的是人的事情，但人間有許多不如意的事和無法解決的事，因此嚮往比人間更富裕、更自在的天堂境界。人間關心的是人的事，由人而嚮往天堂，此乃人之常情。

中國是人文主義極發達的國家，儒家思想是以人的事情為中心，對人之外的鬼神不反對，但亦不研究。在西方歐美，亦重視人的生活，但人間有戰爭、死亡……種種苦難，因此嚮往天國。不論中國、歐美，都關心人間問題，至多加上嚮往天國。人天之外還希望追求什麼，只有印度的佛教才有此信仰。

今天，我們都是關心現實生活，至於生天國之事，有興趣的人較少。

當然，最好在世的時候能夠生活愉快、美滿、如意，過世後馬上生天或生西方淨土……這種觀念是否正確？應該是正確的。佛在世的時候說的佛法，主要是為人現實的生活得到平安。解脫痛苦與煩惱，應該是從人間的生活開始。

因為人的生活最重要，所以今天的演講亦是由人的本位立場來說佛法，如果人沒有做好，便無法進入小乘，若現在連人間的福報都不修，當然生不了天，更進不了小乘涅槃。

二、何謂正道？

可分為世間所說的正道和佛法所說的正道。

（一）世間所講的正道

1. 善良的風俗習慣：對社會大眾有益處，為大眾的生活帶來平安、和諧，叫正道。

2.理性的哲學：人文主義的哲學是正道，如果把人當成動物來統治，這種哲學不是正道。

3.愛心的宗教：任何理性的宗教都應該是勸人為善的，所以應該所有理性的宗教都是正道。

(二) 佛法所說的正道

1.修行的道路及方法：我曾經把世間法分為戀世、出世、入世三類。

人天道，喜歡在人間，貪圖生天堂、享天福，就是戀世。捨不得離開人間，想追求天國的境界，都是貪戀的表現。我們常說善有善報，惡有惡報，怕種了惡因會有惡果，所以相信因果是非常好的。可是相信修善因會有善果，乃是追求人間的福報，及天國的快樂，仍屬戀世；如果修人天的福德，遵守人間的道德標準，具備生天的條件，對人間天上的環境不貪戀，就進入出世的層次。

出世，須修八正道，即八種生活方式和修行方法，包括身、口、意三方面，也就是嘴巴不說壞話，身體不做壞事，心中不存惡念；不以害人害己的方式來謀取生活所需；最重要的是思想，要根據佛法的原則，以佛說的道理做為行為的標準，還須有修行的基礎，即修定、修慧。很多人認為打坐就是修定，其實不一定，念佛也是修定的方法之一，拜佛、念經也是修定的方法。念佛有散心、專心之分，散心念佛不能得定，專心念才能得定。心能安定，才能產生智慧，看佛經、聽佛法是借佛的智慧，修行之後自己可以產生智慧，就是開悟。開悟的人才能出三界、離生死、入涅槃，就叫出世。在佛教中，出世的目的是在於入世，如果沒有出世的條件，入世不能很徹底，因此菩薩必須具備出世的能力，然後再做入世的事業。

所以必須心無執著，對世間無貪戀，然還是生活在世間，在眾生之間廣度眾生，叫菩薩道，亦即成佛之道，此乃真正入世。

2.修行的原理：為何要修佛法？因為我們生活不自在、不自由、不滿意，感到從環境、生理、心理帶來許多苦惱，因此渴望解決這些問題，即是佛法中所說「苦」的原因。有些人從生到老不知什麼叫苦，認為世界上沒什麼苦的事，但多數人覺得由生至死都是很辛苦。前幾天我遇到一個九歲的孩子，我問他過得快樂嗎？他說不快樂，我問：「你有什麼不快樂？」他說：「媽媽罵我，弟弟欺侮我，姊姊打我。」

大前天我遇到一個十九歲的女孩，她的爸爸媽媽都有很高的社會地位，很好的工作，家庭非常美滿，她是掌上明珠，我問她：「妳一定過得很快樂對不對？出門有汽車坐，住的是洋房，吃得很好，要什麼有什麼，是不是？」她說：「師父，我覺得很苦。」我說：「妳苦什麼？」她說：「最苦的是讀書。」我就告訴她趕快讀書，讀完書就快樂了。她說：「不見得，我看我的父母已不讀書了，他們還是好苦啊！」我說：「妳將來不要結婚，不要做父母就快樂了。」她回答說：「不結婚一定很寂寞，很苦啊！」

一個十九歲的女孩了解這麼多苦，諸位有沒有苦惱呢？有，這是正常的。諸位坐在這裡如果是聽枯燥的演講，想走又走不出去，到處都擠得滿滿的，此時你就會覺得很苦。人生眾苦充滿，所以要聽佛法，用佛法來解決苦惱的問題。

為什麼有苦？是由造業而受報，受報後又造業，受的是苦報，受樂報也有，但是樂少苦多。結婚是樂事，離婚是苦事，多數的人是白頭偕老，不離婚的，但從結婚到老死不吵架的夫妻，有沒有呢？

造成苦的因，叫「集」。如何解脫苦呢？只要我們知道一切現象都是無常的，都是不斷在變，所以沒有我在裡面，能夠無我便能進入涅槃，涅槃的意思就是解脫生死，離開一切的苦，叫作「滅苦」。如何能把苦滅掉，就要修道，修什麼道？應持戒、修定、發慧，就能把苦滅掉，進入涅槃。

佛法所說宇宙萬象的原理是什麼呢？就是因果法則和因緣法則。

因果是由時間來看，前一念到後一念之間，就是因與果的關係，前一生到後一生之間的關係，也是因果的關係。許多人都喜歡占便宜，不勞而獲。不勞而獲的方法很多，有的人去偷、搶，有的人去綁票，這些人都不知道因果是什麼，都不相信因果，認為能以僥倖的方式獲得暴利。事實上，在世間有固定的法則，一定是有因有果，對於我們所發生的事，總是有其原因，沒有無原因的事。可能在我們這一生沒有辦法用原因來說的結果，但透過三世因果，便非常明白。如果不相信因果法則的人，便很難使他由內心接受人間道德的準繩；如果相信因果，自然不會做壞事，會為自己的前途奮鬥。因緣法則，是時間和空間相加而產生的種種關係。一般人只知道男女結合是因緣，其實世間的一切都不離開因緣，人與人的聚散、事情的成敗及任何現象的生滅，都是不同的因緣所促成。

「色即是空」，是佛教中最高的法則。所謂色即是空，是一切的現象皆是空的，因為它是因緣所生。因緣生，因緣滅；因緣聚而成，因緣散就不見了。所以一切的現象當我們看到時是有的，實際上在我們看到的當下，就已經沒有了，因為它不停在變化。僅這樣說，會使人誤會而變得消極，若一切都是空的話，那就什麼都不要做了。故也應該說「空即是色」，一切現象雖然是空的，可是仍有因果關係。世間有很多層次的因果，在三界內循環不已。因果是不空的，空即是色，便是空即是有，空不是沒有。

三、何謂邪道？

分為一般的邪道和佛教所謂的邪道。

（一）一般的邪道分為邪術和邪教

1. 邪術：是以不正當的手段、迷信的方法，使人跟著他走，上當吃虧。民間的信仰有一些現象是用邪術。半年前，我遇到一位太太，她告訴我，有一位朋友帶她去神壇問命運，喝了杯茶，她便什麼都忘了，把家中的存摺拿去銀行，把錢領出來，結果回家，發覺錢不見了，錢是她自己領的，已給別人了，給誰卻不知道，這就是用邪術。

2. 邪教：有一種理論，講出來很動聽，似是而非，聽起來頭頭是道，使你成為信從者，認為自己得到幸福，實際上，你的工作、財產、家庭幸福，甚至於健康，都因此而喪失，這就是邪教。在各地都有，或是邪術和邪教合而為一，有一套教義，有符書、咒術，或給你幾個字，或念咒語，使你失去自己的本性，說出一些似是而非的倫理道德觀念。這種教，一旦相信之後，就不容易脫離，且受其控制，若要離開，須付出相當大的痛苦與代價。

（二）佛教所講的邪道分為外道和邪見

1. 外道：就是向心外求道，如我們求神賜予，或向自然界求助，均稱為外道；心向外求，都叫外道。《金剛經》中有四句話：「若以色見我，以音聲求我，是人行邪道，不能見如來。」意思是說，以音聲、色相去追求解脫，追求最高的佛道，就是邪道，不是正道。佛道不但不是外相，連內在的心相都要離，才是正道。

2. 邪見：所謂邪見，就是不信因果，不信因緣，執常執斷，即是邪道。

四、層次分明的邪正之間

（一）宗教與政治偏見的正與邪

由偏見本身所說的正與邪，是不可靠的，唯有黨同伐異的敵我意識，沒有理性抉擇的是非之別。

（二）風俗習慣的正與邪

適合當時當地的風俗習慣為正道，否則為邪道，佛法雖不能違背當時當地的風俗習慣，不合風俗習慣的就不要去做，但對不良的風俗，佛法則具有導正的作用。

（三）佛教觀點的正與邪

從初信三寶者的立場看，初信三寶的人行正道，不信三寶的人行的是邪道。

從人天道的立場看，持五戒十善的是正道，犯五逆十惡的是邪道。

從出世聖者的立場看，修八正道而求解脫生死的是正道，迷戀生死的六道眾生是邪道。

從菩薩救世的立場看，修六度萬行而廣度眾生是正道，僅自求解脫的是邪道。

五、邪正不二與邪正分明

（一）從佛的立場看，邪與正是不存在的

一切法都是佛法，一切眾生與佛同體，在佛的立場，無邪無正，無所謂魔，無所謂佛，完全一樣。

（二）從凡夫的立場看，則是邪正分明

不相信因果是邪道，有所執著是邪道，有貪瞋癡慢疑的心態是邪道，驕傲自大是邪道，以凡濫聖的是邪道，凡夫卻以聖人自居的是邪道。

因此，不能說佛教以外都是邪道，佛教以內沒有邪道，教內也有邪道。我們有時候行正道，有時候行邪道，若以佛的角度來看，我們對正邪的爭論，都是落入邪見。

（一九八八年八月十七日講於臺中市中興堂）

時空與生命的超越

一、時間和空間是什麼？

時間和空間就是「宇宙」的異名。通常以四方上下為「宇」，古往今來為「宙」；換言之，時空的縱橫交織與無限延伸，是為宇宙。時間與空間又是「世間」的異名。時間的過去、現在與未來的連續稱為「世」，「世」可以追溯到無盡的過去，也可以推展到無限的未來。通常以人一生的壽命為一世，也有把十二年稱為一紀的說法。現代人稱百年為一世紀，這是從英文 century 翻譯過來的。空間的劃分稱為「間」，可以小到連用顯微鏡也不能看到的一粒微塵，也可以大到只有天文學家才能想像的範圍。據此，時間的線以及空間的點與面相加而成世間。

時間與空間也是「活動」的異名。物體的移動、物象的變遷與物質的變化，都是發生於時空之中的活動；如果離開時間與空間，活動的現象便不存在。以此推之，若有永恆的事物，它一定是不動的，而且也不占時間與空間的位置。一般常識只能看到時間的現在，並推想到有過去和未來，可是這種推想極為有限；無窮的過去和無限的未來究竟是什麼狀態，則不得而知。同樣地，我們對空間的認識也極為有限，以人類肉體的行動和科學儀器的測量所認識到的空間範圍異常小，因此需有宗教和哲學來解決這些問題。事實上，這也是把常識所不及的問題交給想像中的神或是理念，並非真正有所解決，因為人類的肉體和思想所能活動的範圍畢竟非常有限。

時間與空間亦是「存在」的異名。凡是存在的事物，無論是物理的、生理的、心理的，乃至純精神的，都有它的現象和符號，凡是現象或符號都不能離開時間與空間而存在。一般人認為唯有物質現象才占據空間和時間的位置，因為精神不屬於物質，既然無形，就不應屬於時空的範圍。其實心理活動必然基於經驗和記憶，經驗成為記憶的原因，就是把曾經發生過的事物形象變成符號而記錄下來，也就是把現實的世間變成一種觀念而記入腦海。即使是純精神的活動，例如靈體、鬼神等的活動，也必須藉由物體的運作而有所表現；靈界本身是不能有動作表現的，只不過是一種「能」的存在，而這種「能」的力量的產生，也是基於物體的現象。所以，凡是有活動的、有存在的，都不能離開時間與空間的範圍。

時間與空間更是「幻有」的異名。所謂幻有，乃謂有現象而無實體，有作用而無實質。「有」又可分為主觀的有、客觀的有和唯心的有。客觀的有，是指一切眾生共同的世界。個人出生之前或死亡之後，不論身心有無活動，世間總有一個跟個人似乎連接而實際上個別存在的客觀體。其實這個客觀體的世間跟我們主觀的世間是不能分離的，任何一人的出生和死亡，都會使得這個客觀世界產生變化。雖然個人的行為對整個世界的影響並非一概都很顯著，可是只要參與活動，不論是人文的或自然的環境，都會受到影響。也可以說，由於古往今來每個個人的出現或消失，便使它變化不已；就因為它不是永恆不變，所以稱為幻有。

至於主觀的世界，是指從個人出生開始到死亡為止的自我世界；既是心理的，也是現實的。不論是我們的生活環境或是親友之間的社會關係，我在則有，我不在則無。我們出生以前雖然已有世界，我們死亡之後世界也依然存在，可是跟我們並無關係。再者，自我世界的不存在，並非只在我們死亡的那一剎那不存在；事實上，我們出生之後的每一時刻，它都在變幻中。身體的細胞組織、家庭的倫理分子、社會的各種關係，乃至自然環境的種種事物，無一不在瞬息變遷，即使是心理活動也在念念起滅，由出生到死亡的整個過程中，從來沒有停止過。所以個人的存在也是絕對的幻有，而非真有或實有。

至於唯心的有，可以分為西方哲學和科學的唯心，以及佛教的唯心。西方哲學的唯心是形而上的理念，以最高的理念為心，有主知、主情、主意之說，實際上和東方人所謂良知的「知」或天理的「理」相通。科學的唯心則是心理活動的分析，其內容只是基於經驗和記憶的考察而加以說明，故其理論背景與唯物論相通，至於整個世界以及個人的生前和死後，並不在其探討之列。

佛教的唯心是從已經解脫了的佛菩薩的立場而言，認為世間一切現象都是佛的心中事物，所謂眾生是諸佛心內的眾生，諸佛是眾生心內的諸佛，此「心」即是佛與眾生平等同有的真如佛性。所謂唯識，則是從凡夫眾生的立場而言，每個眾生從無始以來，由於無明煩惱而有生死活動的現象，有了生死活動就有人我之見的分別執著，由此而造業受報。所造之業不論是善、是惡，或無記，都有它的力量，稱為業力或種子，也就是業因。種子和因所集合成的中心稱為識，梵文叫「阿賴耶」（ālaya），也就是藏識的意思，它儲藏著這些業的種子，然後再由種子而現行，即是果報的顯現。由此可見，佛教的唯心也好，唯識也好，都是說明諸佛菩薩以及一切眾生在世間活動的現象；而這些現象都是變變不已，只是暫時的有，並非持續的有，佛教名之為「空」，或叫「諸法空相」，又叫「空性」。

二、佛教的時空觀是什麼？

從佛教的觀點來看，時間和空間是不可分的。

在梵文中，只要提到時間，空間一定包括在內，所謂「時間是在表示一個定點」（見M.Williams的《梵英辭典》二七八頁）。佛法雖說出世間，其實都是藉世間法來說明出世間法，真正的出世間法是無法可說的；因此，世間法如果由佛說來就成了佛法。那麼佛法是什麼呢？它的基本原則就是因果法和因緣法，而因果和因緣是永不相離，實則相成的。從因到果的前後關係是為時間相，現象彼此之間的賓主關係是為空間相；不論是時間的前後關係或空間的彼此關係，都屬於因緣法。所謂因緣就是有賓有主、互為賓主；主體的因只有一個，客觀的緣可多可少，而因和緣之間可互相變更它們的賓主關係，因此因緣不離因果，因果也不離因緣。

一般所知的因緣，只是指空間位置的相互關係，例如眾緣所成，即是以許多因素相加而促成某一現象的發生。事實上佛教的對象是人而非物，所以最早所講的因緣，倒不是空間物質現象的彼此關係，而是指生與死的前後關係，把過去、現在、未來，以及無量的過去和無量的未來，稱為無窮的三世。人在此三世之間，基本上有十二種現象，稱為三世十二因緣，亦即無明、行、識、名色、六入、觸、受、愛、取、有、生、老死。前面兩種屬過去世，其次八種屬現在世，最後兩種屬未來世。未來世的生和老死含有現在世的八個內容，過去世的無明和行，也含有現在世的八個內容。緣過去而有現在，緣現在而有未來；亦即由於過去的關係所以有現在，由於有現在的關係，所以有未來。再進一步闡述即是：由於「無明」，所以有「行」；由於有「行」，所以有「識」；由於有「識」，所以有「名色」；由於有「名色」，所以有「六入」……；乃至有「有」，就有「生」，就有「老死」。如果繼續下去，就成為三世流轉、循環不已、生死無盡。相反地，若無「無明」，即無「行」；若無「行」，即無「識」；若無「識」，即無「名色」；若無「名色」，即無「六入」……；乃至無「生」，即無「老死」，那就是解脫三世的因果而出世間，也就是超越時間和空間的範圍。要達到超越，需有修行方法，容後再論。

佛教的時空觀，從釋迦牟尼佛的原始佛教開始，經過小乘的部派佛教，再到大乘的中觀和瑜伽等，前後有好幾次的演變。原始佛教以《阿含經》為依據，以「諸行無常」、「諸法無我」兩句話來說明時間相的非永恆和空間相的非實在。這裡所講的諸行，是指身心的行為，且以心理行為為主。念頭剎那生滅，所以無常；前後之間雖不無軌跡可循，但前念不是後念，所以任何一念都是時間上的暫時現象。所謂諸法，是指存在於空間的一切現象，包括語言文字和思想觀念。雖然諸現象彼此之間互有關聯，然而凡是現象，無一不在此消彼長、互為增損之中；眾生（人）所以為的「我」，除了這些現象之外，別無所指，別無所據。既然一切現象都變遷不已，不論在心相、事相，或物相中，就都沒有真實的我，這是毋庸置疑的。

小乘的部派佛教中，以說一切有部的思想發展最有力，留下的著作也較多。從《大毘婆沙論》卷七十七中得知：「說一切有部，有四大論師，各別建立三世有異。」四大論師是大德法救（Dharmatrāta）、覺天（Buddhadeva）、世友（Vasumitra）和妙音（Ghoṣa）；前兩者是持經的譬喻師，後兩者是持論的阿毘達磨論師。「一切」的意思原出於《雜阿含經》，是指有情眾生的自體內六根

（眼、耳、鼻、舌、身、意），及其所處環境的外六塵（色、聲、香、味、觸、法）。至於「三世有」的觀念，在《阿含經》中也常見，例如「已觀」、「今觀」、「當觀」，「已斷」、「今斷」、「當斷」；因此而演變為「三世實有，法體恆有」，以及「現在有體，過未（過去、未來）無體」的思想。這原本是指有情自身及其環境的有，是屬於空間的存在；同時又為修行解脫之道，肯定由過去至現在，從現在到未來的時間過程之存在，由業力通貫三世，而成三世實有之說。由於行為的作用雖經常變動，但其法體不變，故說「法體恆有」。然其受報造業，無不集於現在，過去的已存在於現在，未來的也得由現在延伸，故說「現在有體，過未無體」。又從過去所造有為法的業力不失，到一切有部則發展成有三種真實的無為法，如《順正理論》卷五十一云：「信有如前所辯三世，及有真實三種無為，方可自稱說一切有。」所謂三種無為法，即是1.擇滅，2.非擇滅，3.虛空。也就是從世俗間的有，直到出世間仍舊是有；不過世俗有為的有是不離時空的，出世無為的有是不占時空位置，亦非觀念理論所及所執的範圍。

至於大乘佛教的時空觀，亦有種種，我們且舉兩個系統加以介紹：

（一）龍樹菩薩（Nāgārjuna）的思想

《中觀論．觀時品》的頌文說：「若因過去時，有未來現在，未來及現在，應在過去時。」「若過去時中，無未來現在，未來現在時，云何因過去。」「不因過去時，則無未來時，亦無現在時，是故無二時。」這是說如果因過去而有未來和現在，那麼未來和現在應該在過去中；如果過去沒有未來和現在，那麼未來和現在就不能說是因過去而有，如果不因過去而有現在和未來，那麼未來和現在也不存在。這是從《中觀論》來說明時間不存在，若要說有所存在，那是相對的存在，為什麼知道有相對呢？這是由物體在空間的運動而聯想到有時間的存在。可是物體的本身都是因緣和合而成，時刻都在變動，並無真實不變的物體。可見時間是因物體而有，物體是因因緣而有，因緣本身是假法，因此時間和空間都不是真的存在。故《中觀論．觀時品》又有頌云：「因物故有時，離物何有時，物尚無所有，何況當有時。」這是徹底否定時間空間的真實性。

（二）世親菩薩（Vasubandhu）的思想

我們都知道，世親菩薩先造小乘的《俱舍論》後造大乘的《唯識論》。《俱舍論》所講的七十五法之中，以「生、住、異、滅」四相說明諸法在時間及空間中的運作現象。《唯識論》的百法之中，以「生、住、老、無常、流轉、定異、相應、勢速、次第、時、方、數、和合性、不和合性」等說明時空現象的狀態。早期聖典講「生、住、滅」三相，後期聖典講四相，其中的「異」實際上是「住」的變化。任何一種現象在起和滅之間，不論時間長短，都有延續的過程，看起來似乎沒有異變，其實從產生開始到消失為止，無一時刻不在變動，從質變到量變、形變，終至消失。至於百法中所舉的十四種法相，都是講諸法在時間上的前後連續和空間中的位置變化。其實用四相說明也好，用十四種相說明也好，均非定數，只是說明種種現象在時間和空間中的運動而已。唯識的目的，正是指出現象的有和實質的無，以祛除眾生的執著。

三、佛教的生命觀是什麼？

（一）生命的分類

佛教把一切有生命意義的，稱為有情眾生。植物、礦物稱為無情眾生。所謂情，是指對生命的執著。我們可以把生命的執著分成三個層次：第一，有細胞和神經；第二，有細胞、神經再加有記憶；第三，有細胞、神經、記憶再加思想的能力。

如果僅有細胞及細胞所構成的纖維組織，包括單細胞的生物和植物，它們雖有生命現象但無生命的執著，所以叫無情眾生。必須有神經組織才知道痛，有記憶才知道怕痛，有思想才知道痛可能避免且希望能夠避免。因此，有了神經組織之後，才對生命產生執著，而執著的程度有深有淺。人類對生命的執著最深，因其具備思想的能力；其次是高等動物，如象、狗、馬，以及猴、鸚鵡等等，都有若干程度的記憶能力；再其次是低等動物，牠們有神經的作用，因此稱為有情。這裡所講的情不僅是感情的情，其範圍可分為三種層次，即情緒、情感和情操。唯有人類三情皆備；高等動物僅有情緒和情感；低等動物只有情緒，也就是本能的衝動和要求。告子所說的：「食、色，性也。」是生命體之所以存在和不斷延續的自然運作，這也屬於情的範圍，因此佛法稱牠們為有情。

佛法把有情眾生的生命現象和過程分為生、老、病、死四個階段，把屬於無情眾生的植物及眾生所處環境的物理世界分為成、住、壞、空四個現象。不論是眾生的生命本身或生命所依附的環境，都在周而復始地不斷變化之中，沒有一樣東西是永恆不變，所以稱為緣起和合；緣聚則生，緣散則滅。

（二）生命的形成

從佛教的觀點看，有情眾生是生命的主體，無情眾生是生命之所依；前者稱為正報，後者稱為依報。依報是由於正報的原因而產生，如果只有正報而無依報，生命的現象就無法表現；換句話說，有情眾生如果沒有活動的生存空間和時間，生命的現象就無法成立。我們可以把依報比喻為人住的房子，正報是住屋的主人。如果沒有人住，房子也就沒有必要；因為有人，所以需要造房子。總之，佛教認為世界之所以形成和存在的原因，是為了有情眾生的活動而來，這是他們在過去以來所造種種業力而感得的結果。一神教主張神造萬物，由人類來支配和管理；佛教則說，世界萬物都是由於每一個生到這個世界的眾生之共業所感。

那麼生命的起源呢？這是個很通俗的問題，其他各宗教都說是從神的創造而來。若再加以追問，神又是誰創造的呢？神又為什麼要創造生命？由此不免陷於自相矛盾。佛教則主張眾生的生命無始就有，沒有創造者。佛教所談的是如何解決眾生在生命過程中發生的種種問題，以及如何從這些問題得到解脫。比如有人中了毒箭，重要的是拔出毒箭，治療箭瘡；若去研究箭是誰發明的、怎麼造的，對中箭的人而言並無意義。

1 從凡夫立場看生命的形成

生命的形成有兩種立場，第一是從凡夫的立場來說明生命的形成和延續，也就是業感緣起和阿賴耶緣起。

(1)業感緣起；就是前面所說的，造什麼業、感什麼果。由於眾生執著生命而有情執，所以會有求生的本能，從求生本能發展成自私的趨勢；由於自私的自我中心，而有貪、瞋、癡、慢、疑等心理活動，再產生殺生、偷盜、淫欲、妄語等的身、口行為。從好的一面講，會為維護家族、種族、國家乃至人類社會的安全而產生倫理道德的行為。一般而言，為個人的自私是惡，為家族以至整個人類社會而做的任何事是善。然而，不論為個人或為他人，是善或是惡，都是對於生命的執著；由執著而產生的一切行為，都叫作有漏的業，它必定會感受到另一次生命的果報。也就是說，在這一次的生命果報中，同時也繼續再造種種善業、惡業而形成未來生的果報之因，這就是業感緣起。如果不知如何從生命的執著得到解脫，那就一生又一生地生死不已，永無止境。

(2)阿賴耶緣起；是說眾生所造的業形成來生果報的種子；今生造業，不論是善是惡，可能在今生就有所回饋和反應，但是多半不能在即生見其結果。因為因果報應分為三種：分別是花報、果報和餘報。今生造業今生受的是花報，可以說僅是冰山之一角；主要的報應在未來，稱為果報；而在未來的一生乃至多生還受不完的，叫作餘報。舉個例說，造五逆罪而下地獄稱為果報；未下地獄之前在人間遭人唾棄是花報；而離開地獄生到人間時，依然是貧病交加，卑微低賤，四肢不全，五官殘缺，這都可能是餘報。在造業之後，即生尚未受報時，一切所造之業都是未來受報之因；此因藏於我們生命的主體，亦即第八識的阿賴耶中。阿賴耶是梵文「藏識」的意思，它能儲藏一切的業因，等待未來因緣成熟時，即變成果報的生命及其環境。業因又叫業種，阿賴耶又叫種子識，也叫異熟識，這是異時、異類、變異而熟的意思。所謂異時，乃此生造業來生受報。所謂異類，是在為人時造業而可能在畜生道或地獄受報，也可能在天上受報。所謂變異，是由質變到量變，比如殺死九人救一人，將來受報時，並不等於被人殺九次，再殺他人一次，因其惡性重大，善性微弱，受報之時大概不會投生為人了，可能受的是畜生或地獄的果報，不論質量都會改變。但他救過一個人，這一點善因會使他受完惡報之後，還可能遇到好的因緣，比如遇到一位貴人助他一次，或者聽到一句佛法給他一番啟示，但未必能使他被人從死亡邊緣救回。這是變異而熟的意思。若想詳細知道阿賴耶緣起的道理，可以研究唯識學。

2從聖人立場看生命的形成

一般人誤解佛教，甚至佛教徒們也誤解佛法，認為佛教是出世的。世間太苦，離開世間之後即解脫，所以信仰佛教修行佛法的最後目的就是逃避現實，離開世間，此即解脫、涅槃。這似乎意謂在世間活動的生命現象都是罪惡的眾生，因為他們造什麼業受什麼報；如果修行成功得以解脫，自然就離開眾生的世界。

事實上，正信的佛教徒所知道的正確的佛法不是如此。雖然在佛教觀念中，小乘聖人到了第三果就不再來人間，到了第四的阿羅漢果時，已經出離三界，便可進入稱為涅槃的寂滅境界，跟眾生世界不再發生任何關係。其實，從佛教教主釋迦牟尼佛創立佛教開始至今為止，小乘的思想固然有，小乘的行為也可能出現過，但這不是佛陀創教的目的，而是屬於局部若干人的問題。因為在釋迦世尊當時的僧團中，有一千多位大阿羅漢，絕大多數都是人間比丘，也就是在人間弘化的四果聖人。假如說證到阿羅漢果就應離開人間，那就與史實和事實不符；如果真正有過小乘的僧團，該僧團既然不和人間來往，照理無法取得生存的空間。佛教各派既然都能在人間的歷史上和世界各地傳流，就表示佛教沒有真正的小乘，不論他們的思想如何，都不會離開人間。成道之前在人間修行，成道之後還要到人間來教化，這才是佛教的本意。

不過這會引起另一個問題，凡夫為了解決生死苦惱而修行佛法，目的就在離開凡夫的層次而進入聖人的位置。既已修成聖人，不再有自身的問題需要解決，為何還要在人間？目的何在？如果聖人還跟凡夫生活在同樣的環境中，一定也會遇到跟凡夫同樣的問題，例如飲食、醫藥、衣服、住宿、交通等的需要，不脫行、住、坐、臥，衣、食、住、行的範圍。既然也有與凡夫同樣的問題，又如何稱為聖人？修成那樣的聖人，又是為了什麼？這很簡單。凡夫是以自我為中心的自私觀點出發而造成種種身心的行為；聖人無我，他們以無私的慈悲來幫助眾生，所以雖然生活於跟凡夫同樣的環境，感受則完全不同。因為無私無我，所以沒有貪、瞋、自卑、憍慢等煩惱執著，是為解脫之人。正因為他們是解脫之人，所以平等看待一切眾生，予以適時適量的幫助和救濟。

釋迦牟尼成道之後，依舊生活在人間，說法教化，廣度眾生，達四十多年之久，直到肉體生命自然死亡為止。在這一生修成聖人的人不僅跟他一樣，沒有離開人間，而且還會一生又一生地再來凡夫世界，做永無休止的教化和救濟。那麼他們的生命又是如何產生的呢？通常凡夫是根據業力而受生死果報，菩薩是因願力而出生入死，諸佛則不依業力也不由願力，而是由於淨心緣起和真如緣起而產生。

(1)淨心緣起又叫法界緣起。佛心是清淨的，因為無所執著；既無執著，就是無自無他。在時間上能與三世諸佛同一個心，在空間上則與法界一切眾生同一個體。他們不以為自己是佛，也不以為有眾生可度——因為已經沒有自我，所以也沒有對象；但只要任何一個眾生發起善意，與佛有緣，佛就跟他相應，在他面前出現。佛可以由於某一地區、某一事件、某一時間的許多眾生共同需要佛的應化，而以佛的身分形相出現；同樣地，也可以菩薩的、羅漢的乃至一切眾生的形相出現於某一時間、某一空間、某一群人乃至某一個眾生之前，因為那些眾生沒有離開佛的無牽、無掛，無礙又無方、無時的清淨之心。

(2)真如緣起的真如，就是眾生和佛共同的本來面目，它有兩種隨緣的功能：如果真如隨染緣，也就是隨著貪、瞋、癡等煩惱因緣，就變成自私執著的凡夫眾生；如果隨淨緣，也就是隨著修持戒、定、慧等的因緣，結果就跟出世的聖人相應，終而成就佛果，與三世諸佛無二無別。聖人的真如應該是無染的，但也不會執著清淨，亦即無淨無染；不論誰染誰淨，他都是不動的、不變的、永恆的、普遍的，這才叫真如。既然是無淨無染、永恆普遍，從眾生看他是諸佛的真如，而他們看眾生的世界，也無一不是無染無淨、不增不減、永恆普遍的真如境界。所以眾生隨淨緣可以成佛；諸佛隨染緣，也可以在眾生世界救度眾生。因為唯有不垢不淨、不增不減、不來不去，才叫作如來。既然是如來，他不需離開凡夫世界，也不需想到發願度眾生。他們隨處都在，隨時都在，構成了聖人永遠住世和化世的生命現象。

(3)另外還有一種叫如來藏緣起。所謂如來藏，多半是在凡夫眾生的位置上來看的，也就是每一眾生都有成為如來的可能。在眾生的第八識阿賴耶中，如果此人專造有漏的善惡諸業，那麼藏的是凡夫的種子；如果修持戒、定、慧三無漏學，並以無我無私的心量修行布施等佛業，就成為無漏的善法，藏的即是成佛的種子。儲藏凡夫種子的第八識稱為阿賴耶，藏著無漏種子的第八識稱為如來藏，故曰：「如來藏中藏如來。」

從佛的立場看，一切眾生與佛無異，一切眾生之心，即是如來的寶庫，其中藏有如來。成佛後的如來亦與眾生同具如來藏，因此《勝鬘經．空義隱覆真實章》說如來藏有「空」與「不空」的兩種名稱：「空如來藏，若離、若脫、若異，一切煩惱藏；世尊，不空如來藏，過於恆沙，不離、不脫、不異，不思議佛法。」也就是說，如來藏對佛自身而言是空的，因佛不與煩惱相應；以佛有化世的悲智而言，如來藏是不空的，因他處身於眾生群中，具有無量不思議功德。在《勝鬘經．法身章》也說：如來雖「斷一切煩惱」而「如來法身，不離煩惱藏，名如來藏」。這是說，如來已斷一切煩惱，如來法身則不離煩惱，也是為了如來能成就無量不可思議的佛法。

無執著的聖人和有執著的凡夫既然同樣具備如來藏，所以成佛以後，既不是眾生，也不需離開眾生世界。如果成佛之後需要離開眾生世界，或必須以佛的形相表示與眾生有別，那就不能稱為如來。因此，聖人化現於凡夫世界，具有凡夫的生命現象，是不足為奇的；所不同的，一者是解脫，一者是執著而已。

四、如何超越時空？

所謂超越時空，也就是生命的超越。從有我、自私、執著的生死煩惱眾生，而成為無我、無私、生死一如也無煩惱的聖人，名之為解脫、自在。這必須從觀念的指導和修行方法的實踐來達成，我們且用三種立場加以說明。

（一）第一個立場，是根據《阿含經》所說的四聖諦法

所謂四聖諦，是釋迦牟尼成道之初所說的四點彼此相關的真理，也就是苦、集、滅、道。苦和集是凡夫眾生的受報和造業；受報稱為苦，造業就是集。「苦」包括前面所講的生、老、病、死，再加上愛別離、求不得、怨憎會、五蘊熾盛等，共有八種。這些生命現象所承受和發生的種種折磨煩惱，乃是由於過去生中，造了種種的業而受到的果。過去造的什麼業呢？不論善業、惡業，凡是有我、自私、有執著的話，就是苦因，就會聚集和積聚種種業因成為「集」。所以，造業受報就是苦和集兩個階段的不斷循環，亦是在三界之內生死流轉的現象。要超越這樣的現象，必須依照佛所說的修行的道理和修行的方法來實踐。

「道」含有道理、道路及方法的意思，如果照著修行下去，一定可以達到超越生死的目的。「道」的內容又是什麼呢？一共有八項條目，稱為八正道。

1.正見：正確的認識，例如有生、有死就是苦，而苦是由業所生。

2.正思惟：正確的觀行方法，例如自己已經體驗生命是苦果，就用脫苦的方法來修行，主要是禪觀。

3.正語：不說對修行無益的話，只說有益的話。

4.正業：不做對修行無益的身業，只做對修行有益的身業。

5.正命：不以江湖術士的伎倆謀取生活所需，應以正當的方法謀生，以免與修行的目標衝突。

6.正精進：努力於戒、定、慧的道業，例如未做之善要去做，已做之善要加強；已造之惡要中止，未造之惡不再做。

7.正念：經常攝心制心，修行不淨觀等方法。

8.正定：以修種種的觀法成就四禪八定，最後成就滅受想定而達到解脫生死的目的。

滅諦實際上是道諦的結果，以修道來滅生死的果報，因而超越時空而不受時空的生滅現象所束縛，這就叫涅槃。

可見此四聖諦法的苦、集二諦是凡夫位中的一層因果，道、滅二諦是超越凡夫而達於聖位的另外一層因果。

凡夫位的是有漏因果，聖人位的是無漏因果；有漏因果是在時空中的生命現象，無漏因果是超越時空的生命現象。不過根據《阿含經》所述，超越時空之後的生命現象已無現象可見，所以稱為涅槃寂靜。

（二）第二個立場，是依據《心經》所說的「五蘊皆空」來予以闡明

首先介紹五蘊。五蘊包括生理和心理的五種現象，即是色、受、想、行、識。

1.色蘊，是指我們身體的物質現象，通常稱為地、水、火、風四大。其中骨骼、皮膚、肌肉、神經等稱為地大；血液、脂肪、水分稱為水大；體溫稱為火大；呼吸稱為風大。

2.受蘊，是指苦、樂、憂、喜、捨等的感受。

3.想蘊，是指好、壞、善、惡等的分辨。

4.行蘊，是發動身、口、意等三類行為。

5.識蘊，是分別、執著，以及造業和業種的總稱。

由上可知，後四蘊是屬於心理現象及精神活動的範圍，眾生（人）的生命現象不出這五個條件的界限。如果無法體驗實證到五蘊是空，那就永遠屬於凡夫的境界，煩惱無窮、生死不已。如何能夠實證五蘊皆空，須做進一步的討論。

五蘊是無常也無我的。因為一切現象都在時間上川流不息、變之又變，所以是無常；同時，一切現象都在空間位置上此消彼長、變化不已，所以沒有不變的我。既然不論是物質現象或心理現象，在時空上都變遷不已，因此我們知道五蘊無一是常，也無一是我。而生命的組合就是五蘊，五蘊既然無常也無我，那還有什麼可以執著的？既無被執著的對象，也沒有能執著的我，當然就是解脫。

無常和無我就是空，空的意思是精神和物質雖有臨時的現象可見，卻無不變的實體可得。雖沒有不變的實體，卻不礙於變異的現象，所以佛法所講的空，並不否定現象世界的有；因為無實體，也沒有障礙，雖名為空，但不礙有。不執著永恆的有，也不否定變異的有，這稱為無自性的空。所謂無自性，就是一切現象沒有不變的自性和永恆的實體；如果有實體，那就不是空性。因此若能實證《心經》所說的「五蘊皆空」，就是生命的超越。

（三）第三個立場，是依據禪宗「頓悟自性」的見地來說

禪宗發源於印度而成熟於中國的盛唐時代，主張不立文字，頓悟成佛。不立文字的意思，就是不得從知識、學問、語言、文字以及種種符號來了解無自性的如來境界。因此所謂頓悟自性，就是直接而不假任何手段、步驟，就能領悟到「諸法自性空」是什麼。自性就是佛性，佛性就是空性，空性就是如來性。例如《六祖壇經》所說的四句話：「菩提本無樹，明鏡亦非台，本來無一物，何處惹塵埃？」一般人認為眾生都有成佛的本性，叫作佛性，並將之比喻為能夠長出菩提之果的樹。又有人認為佛心如明鏡，能夠「漢來漢現，胡來胡現」，任何景物在他面前出現，都能絲毫不差地反映出來，就像明鏡一般。還有人認為成佛之後一定有佛果可得，所以拚命修行，冀望能得到結果。然而六祖惠能大師說得很清楚，菩提無樹，明鏡非台，本來無物，所以也用不著追求成佛，故說：「何處惹塵埃？」這都在表明本體無體，本性無性，明心無心。

至於如何能夠頓悟無我或空性的自性，就要用禪宗歷代祖師告訴我們的態度和方法，例如馬祖所說的，經常保持平常心；六祖所說的，經常保持直心。所謂平常心，就是不以自我的立場來衡斷利害、得失、是非、好惡；所謂直心，是不

加入人我、彼此、長短、方圓等等知識的判斷。其實平常心和直心的意義相同，如果去掉自我中心的分別執著，那麼舉心動念無非平常心或直心，當下就和無我的空性相應。

如果根器不夠利，善根不夠深厚，不能不假方法的話，禪宗祖師們就用參話頭等的方法，來幫助禪眾。若能抱定一句話頭直參下去，由疑情而生疑團，從疑團之中脫穎而出或破殼而出，那就見到所謂未出娘胎之前的本來面目，超越時空的生命也就在面前出現。這究竟是怎麼回事，要請大家努力修行才能親證實悟。今天這個題目講到這裡為止。

附記：本文講於一九八八年十一月十一日麻州羅爾大學北校區圖書館（Multipurpose Room, University of Lowell, Mass.）。但講出之時為適應當時聽眾的需要並為時間所限，因此不很深入，甚至也沒有把預先準備的大綱全部講出。待回紐約的禪中心之後，因有葉翠蘋居士的協助，花了兩個半天的時間為我錄稿，依照當初擬定的大綱，又加入了更多的內容，而使本文比講述時更詳細而深入。

禪與日常生活

人人都可以成佛，人人都有佛性。但是，大家並不懂得如何才能達到成佛的目的。菩提達摩所說的「心如牆壁」，就是它的方法。也就是，不講理論、不需要修行；只要求把自己的內心訓練成如同牆壁一般。

一、能藏能用

這個牆壁，應該是透明的。牆壁本身是不動的。但是，它可以任人使用；我們可以在牆壁上掛東西或畫東西。牆壁上，雖然是掛了東西或畫上東西，但是，牆壁本身並不曾改變。

我常講：「內心裡不要留下任何東西。」比如談到對錢的態度——「我們在銀行裡要存錢，口袋裡要裝錢，但是內心裡不要想錢。」這並不等於說，我們不要有知識、學問、經驗。而是，你有過的，就是你有的；「有」是為了眾生，不是你本身要它，你自己要「沒有」。

我們的內心裡，應該像個倉庫。儲藏在倉庫裡的東西，應該安放著不動。假如，倉庫裡的東西都在動，那就麻煩了。所有的東西，在我們隨時要運用的時候，便從倉庫裡拿出來。不用時，要安置勿動。可是，人的內心很奇怪，在你不用它時，心中往往也會跑出東西來。甚至要用它時，東西出不來。例如剛才和一位太太講話，她想講一句話，但老是講不出那句話來，那位太太便敲敲腦袋，急著說：「趕快出來！」其實，當我們的內心很冷靜時，用不著去想，所需要的東西，自然會出來。

因為，我們的內心有太多的東西同時在波動，所以往往在運用上，我們要它出來時，它不出來；要它不出來它卻出來了。因此，希望大家訓練自己經常保持內心的不動如同牆壁。如此，便與佛心相似了。

現在，我要問：諸位能不能把內心訓練成像牆壁一樣？諸位做得到嗎？將過去所學、所經驗的一切，全都擺在倉庫裡，不要動它，能嗎？倘不能做到怎麼辦？

當我們看到有人說話很粗氣而心生厭煩時，會叫他「閉嘴！」但是，當你的內心在很混亂的狀態中，你無法指揮自己去執行正常工作的時候，你有沒有辦法，叫它「閉上」呢？這的確是不容易的事。

二、四種方法

菩提達摩告訴我們的修行方法，就是「二入四行」。二入是理入及行入，心如牆壁是理入，另外四種行是行入。四種行的內容是：（一）報冤行，（二）隨緣行，（三）無所求行，（四）稱法行。

（一）報冤行

現在所有一切的結果，必然有其原因，而我們並無法一一知道。這其中的原因，依佛教的觀點而言，乃是無始以來，多生多世以前就跟著生命帶來。然而，我們並不知道自己的過去生，也無法去證明它。同樣地，就此生而言，從我們出生開始到現在為止，也有很多自己無從記起的事。

因此，當我們遇到不幸的事、不如意，或不愉快的事，如何才能夠讓自己想到：「此事必有它的原因」呢？我們可能不完全知道這其中的原因，但是也無需去理它。只需確認，果從因來，只有接受它了。如果，我們僅僅是逆來順受，在態度上，不也很消極嗎？事情既然已經有了前因，倘若再以另一項原因相加進去，事情所得的結果和情況就會更改。所以在態度上，第一，要接受事實；第二，要尋求解決的方法。

首先，遇事不要煩惱。比如我們這間房子，現在突然失火了，該怎麼處理？房子失火，必然有原因。我們是先救火呢？或者是先跑出去呢？又或者是先坐在這裡研究原因呢？當然，事必有因由，先別管原因，我們現在是解決問題要緊，先當跑出火宅設法救火，然後追究火首是誰吧！能如此，方能解決種種的不如意事。凡事發生困擾時，我們便以這種態度來接受、來解決。

（二）隨緣行

任何幸運的事，任何好事，也都有其原因。遇到不幸的事，會感到痛苦，這是正常的。但有些人，遇到幸運的事卻並不快樂，反受其苦。我們常看到很多有地位的人，有財富、有權勢，他們都很快樂嗎？很多人認為，只要有錢、有地位、有權勢，就是幸福的。但是，事實上未必盡然。

男孩追上女朋友，一定是很幸運嗎？我說不一定，但也並非一定不愉快。這意思是指事情的進展中，可能會發生不愉快的現象。因此，任何事情的成功與幸運，不要太興奮，也無需驕傲。有些人在得意時，常會忘了自己是誰。國父孫中山先生曾說過一則故事：一位剛剛知道已中了大獎（就像美國的樂透獎）的乞丐，因他的全部財產只擁有一根竹棍，他為了防止獎券遺失，便把它藏在竹棍裡。他心中一直為發財的事興奮！實在是太得意了，心想今後不用再當乞丐了，還要這根討飯的竹棍做什麼？這一高興便把竹棍扔到河裡，當他想起獎券還藏在竹棍裡的時候，不但錢已領不到，竹棍也弄丟了。本來，窮得只有一根竹棍，結果呢？得意忘形，連僅有的竹棍也失去了！

以禪的方法來生活，面對這類的事，修行者會認為，這只是一件平常的事；錢來了，只是來了。它來得必有原因，等於自己在銀行裡從自己的戶頭裡提了一大筆存款回家，又有什麼值得興奮的呢！

(三) 無所求行

不論以東方或西方的觀點而言，假如人類什麼也不追求的話，那麼，人活在世上做什麼？

人類凡事追求，就是為了有一分希望。因為，有一分希望讓我們去追求，所以我們才會努力，這是正常的；有所追求，這也是正常的。然而，往往人類所追求的目標，不一定能實現。俗話說：「有意栽花花不發，無心插柳柳成蔭。」

在座的諸位，多半是年輕人。我想請問你們，在幼稚園時代是不是說過：「我長大了以後要做……。」到了中學、大學之後，是不是又改變了觀念呢？我有一位信徒和學生，他原是哲學教授，後來又去學音樂，現在，既教佛學又兼職按摩師。他始終不清楚哪一項才是他最終的目標？也不知道他最初究竟是要學什麼？雖然他學了很多，但是這並不是問題。就好比一間房子，有很多門；這房子人人都想進來，你可以從東面進來，也可以從西面進來，你可以從地下室入口自樓下爬樓梯上來，也可以搭直昇機從屋頂上下來。假如，你認為進了一道門，不過癮，想多看幾道門，一探究竟，這是可以的。但是，最重要的是，如果你能進到這間房子的核心處，不論你從哪一道門進來，你所見的，將會是完全相同的。假設，在一開始，你已經有一個特定的門要進，那可能有問題。有的門，你想進去卻進不去，你看到其他人進去，你硬是進不去。其實，這也沒關係，你進不去，可以繞到其他的地方，從另一道門進入。門內的人，將會說：「怎麼你從這個門也進來了？」

因此，所說的「無所求」，是要我們不去追逐一個「求不到就不行」的目標。但是，我們凡事要努力；因為，努力本身就是生活。

倘若是為了一種目的而修行，這件事本身就是白忙一場，就是一種執著、一種阻礙，阻礙你達成這個目標。什麼是阻礙？為了「有所求」，為了一個目的而去做任何事，這在普通、一般性的目的來說，是可以求得到的。但是，開悟這件事，卻不相同，雖然人人都可以開悟，也可發願開悟，若正在修行過程中，老是追求開悟，那麼開悟的可能便離你愈來愈遠。因為，開悟的意思是解脫；解脫種種被自己、被外在的環境所綁住的一切束縛。如果，我們去追逐一件事，這個你所追求的，就成了你所執著的。當然，你是被它綁住了，它就是你的障礙，也就是使你得到解脫的障礙。

(四) 稱法行

四種方法，是有層次的，一層比一層高。

第四種方法，所謂稱法行，是教我們：「凡事應該怎麼做，就怎麼做；需要我怎麼做，我就怎麼做。」因為，說到無所求，很可能會落入消極的心理；以為我既然不求任何東西，那我也不應該做任何事囉？「稱法行」就是要我們很積極地去做事，很努力地去工作。我遇過一位年輕人，他立志要當律師。高中畢業後，連考了三年聯考，就是考不上法律系。最後考取了圖書館系。他感到很失望、很倒楣，想當律師，卻無法實現。但是，事隔多年後，他留學法國，深入研究圖書館管理學，取得圖書館管理學的博士學位。這類人才很難得，在他尚未返國之前，國內已安排好聘請他回來任職最新最大的圖書館，因為國內欠缺這樣的人才。當初，他考取圖書館系，就有人告訴他：「上了賊船，就要跟賊跑，你既然考取圖書館系，便該好好把圖書館的學問研究好。」這就是說，我們在任何地位、任何崗位或任何情況之中，就要在這個情況所容許的範圍內，盡你所能地做到最好。

如果，遇到環境改變、條件也改變，當你置身在另外一個情境之中，在不同的情況下，你也要用同樣的態度來努力。倘能秉持這種態度，我們在一生當中，一定是非常地順利，而不會有太多的煩惱。

（一九九〇年四月十七日講於美國華盛頓大學）

禪與現代人的生活

一、引言

這次很難得，也很榮幸地到貴校來演講。這個題目，我在臺灣曾經講過一次，但是，臺灣的現代人跟美國的現代人，生活不完全一樣，因此，演講的角度也不會完全相同。首先，我們要了解，現代人為什麼需要禪？究竟在生活上發生了什麼問題，需要禪來幫助？禪對現代人，究竟有什麼用？

二、現代人的問題

一般說來，現代人的問題可分為四點：1.現代人的生活，流動性太大，不像過去的人比較安定。2.人與人之間的距離，愈來愈遠，愈來愈沒有親切感，彼此互相關心的接觸，愈來愈少。3.現代的人，雖然由於物質豐富，生活並不困難，但是，人的欲望是無休止的，為了進一步追求享受，追求刺激，許多奇奇怪怪的生活方式便產生了。4.由於對自己的前途沒有把握，對未來沒有安全感，所以，經常生活在緊張而不安定的情況下。

如果，我們再進一步的探究這四個問題，將會發現，雖然古代人跟現代人的生活環境不同，而心理的問題卻是相同的。此根本的問題乃在於生的苦悶，也就是無可奈何的生活。這個問題，在釋迦牟尼佛的時代，就已經被發現了，事實上，從古至今，直到永遠，這生的苦悶是不會變的。不過，在這裡，我還要提出幾個大問題。譬如現代人家庭的問題、婚姻的問題、親子的問題，比過去更多；職業與環境的問題，也比過去更複雜，這些都是現代人的問題。而綜合言之，則是因生存不容易，生活不容易。

三、如何用禪解決問題？

生活在現代的社會中，人與人之間的接觸，比過去更頻繁，接觸面也更廣，但是，每一個人都是為了自己或所屬團體的利益在努力，在爭取，在計畫。因此，人與人之間有矛盾，團體與團體之間也有矛盾，這些矛盾，比在過去的社會裡更明顯。要如何解決這些問題呢？以現代人的觀點，是希望克服困難，改造環境，改變對象。用這種方式，也許能夠克服若干困難，能夠改造對方一點，但是，卻製造出更多的問題。

因此，我們要講禪，了解一下禪對這些問題，究竟有什麼幫助？

首先，我們要問，禪是什麼？禪，在印度是一種內省的方法，和內省的工夫，也就是向自己的內心看，而不向外求。任何問題發生，不要只看那個問題，更當回過頭來看，為什麼那個問題會發生在我身上？為何會發生這種問題與困難？而要解決這個困難，還是得從自己開始。

古來印度的各種宗教，用來解決煩惱，或解除痛苦的方法，都是修持禪定。或許每一個人，都曾經有這樣的經驗，當非常痛苦或煩惱的時候，又找不到對象來傾訴發洩，最好的方法是睡覺去。只要往床上一躺，把被子一蓋，一覺睡起，雖然沒有解決問題，心裡的痛苦卻減輕了許多，這雖不是解決問題的辦法，卻可暫時使自己減少痛苦。

用禪或禪定的方法，第一層，可達到和睡覺相同的效果，因為，用禪定方法的時候，不需去面對或思考自己發生的一些困擾及問題，可暫時把問題放在一邊，用禪定的方法收攝身心，使達內心的平靜。進一步，從禪的修行，透過平靜的心，可產生處理事情的智慧，從面對問題進而解決問題，不但提高了自己處理問題的勇氣，同時也增加了解決問題的能力。所以，印度傳統的禪法，第一層，是把問題放在一邊；第二層，則能夠順利地解決問題，也就是從禪定產生出智慧，問題解決了以後，當然煩惱就不存在了。

（二）家庭與婚姻的問題

談到家庭問題，如果夫妻吵架，吵著要離婚，是不是真的就離婚？在美國，只要雙方同意，便可離婚，離婚後再找對象結婚。曾經有一對夫婦，同時來找我，他們說，沒有辦法生活在一起了，準備離婚。我問他們，離了婚以後，要不要再結婚？他們說，我們還年輕，只要找到適當的對象，當然就再結婚。我說，如果再發生類似的問題，怎麼辦？他們回答，再離婚然後再結婚。我對他們說，像這樣，一生之中可能會結上幾十次的婚，這是多麼麻煩與痛苦的事啊！如果能夠一次把問題解決，不就沒有婚姻不和的問題了。兩人便問我，要如何一次解決問題？我說，你們來跟我學打坐，來跟我學禪，慢慢地便知道，要如何解決兩人之間的問題了。

夫妻之間，發生困擾與問題，不僅是因為不了解對方，其實根本問題在於不了解自己，所以，都把問題交給對方，總認為對方有問題。而用禪的方法修行以後，便會對自己愈來愈了解，愈來愈清楚。了解自己以後，對方的問題雖沒有解決，整個問題卻已解決了一半。如果夫妻兩人一起學禪坐，問題便太簡單了，因為，雙方都了解自己後，問題便全部解決了。假如只有其中的一人來學禪坐，往往也能夠解決百分之八十的問題，因為，只要一方認識了自己，知道如何真誠地對待對方後，對方也會改變。大約有幾十對夫婦，因為跟我學禪坐而沒有離婚，這些夫婦有些生活在美國，也有在臺灣的。

（二）肉體與精神的問題

現代人之中，百分之百精神穩定的人很少，幾乎每一個人，都有一點精神上的問題，當然還沒有到需要去精神病院的程度，但是，精神的問題，是現代人非常重要的問題之一。如果，跟我學坐禪，修行一個星期之後，因為比較了解自己，大部分的人都會認為自己心理有問題。此外，現代人有很多肉體上的病，如高血壓、心臟病、糖尿病等，這些疾病在古時較少發生，卻是現代人常有的時代病。最近在報上常可看到，有關癌症與愛滋病的報導，後者甚至比前者更可怕；這二類疾病都是現代病。但是不論精神上或肉體上的病，都和我們提出的四個問題有關，因為，現代的人生活在緊張不安，追求刺激的情況下。如果我們能夠從身體與心理兩方面加以調適，這些問題是可以解決的。

這兩年來，有一位英國的心理學教授，到東初禪寺參加禪七，也就是參加七天坐禪的修行。他在英國主持一個用禪的方法來治療精神病的組織，一向治療的效果都不錯。但是，他自己覺得程度還不夠，所以來參加禪七，而每當他回去時，常發覺又帶回了一些更好的方法。

用禪來治療精神病，不是他自己發明的，而是他在美國加州，遇到一位美國人，這個美國人曾經在日本禪堂裡，學了幾年的禪，回到美國以後，便開始用禪的方法，做為心理治療的輔助。而這位英國教授，將那位美國人使用的方法改良後，引用在心理治療上。他所治療的對象，並不是精神病院裡的病患，而是自己認為精神有一點問題或不平衡，心理有問題或困擾，信心不足或毅力不夠，對前途茫茫或意志消沉者。另外，根據兩位日本醫師的實驗結果，透過禪坐，小姐們能夠減肥；高血壓的人能夠降血壓，低血壓的人能使血壓升高；有糖尿病的人能夠治好，或至少也能控制病情。

我自己也做了一些實驗，教孕婦們用禪的方法打坐，幾乎是百分之百的有用。婦女懷孕之後，可以打坐到臨盆以前一個月，甚至於臨盆前都可以坐；當然，此時就不是在地上盤腿而坐，而是坐在椅子上。參加禪坐的產婦生出來的孩子，通常性格都很穩定，身體健康，頭腦清楚，顯得非常乖巧聰明。這和母親懷孕時的心理狀態有關。還有一個五、六歲的小孩到東初禪寺，突然間肚子疼，不知是什麼原因。我教他打坐，坐五分鐘之後，放了兩個屁，肚子就不痛了。由此可知，靜坐對身體機能的調整，有很大的用處。當然，小孩子喜歡動，喜歡玩，打坐最多只能坐十五分鐘，不能坐久，但是，打坐對小孩也是有用的。

四、禪修是現代人的需要

過去，禪的修行是出家人在山裡修的，因此有所謂「老僧入定」之說；現在，禪的修行則有普及於大眾的趨勢。現代人處於工商業社會中，生活非常忙碌，忙著做什麼呢？忙著工作、忙著趕路回家、忙著看電視、忙著上電影院、忙著去郊遊、忙著照顧孩子、忙著照顧太太、忙著照顧先生、忙著……，唉呀！一切的事情都是忙。特別是在美國，連玩的時候都顯得很忙。而最忙的人，最需要禪的方法來幫助。

我常遇到一些很忙的人，便勸他們打坐學禪，他們說：「師父啊！我們忙成這個樣子，哪裡還有時間，有那種閒工夫學打坐？打坐，是和尚們做的事。」我說：「現在的和尚跟過去不一樣了，現在的和尚也是好忙，但是，因為忙，所以要打坐，只有打坐之後，才有更多的時間，去做你想做的事。」諸位相不相信，忙的人往往有忙錯的時候。忙的時候，不會那麼細心或穩定，所以，工作效率不一定好。

由一項統計顯示，凡是打坐修行的人，早上打過坐之後，一天之中，發脾氣的機會，會減少。打坐後，一天的心情往往會比較穩定。因此，忙的人若能抽空打坐，他的工作效率會提高，工作的時間會縮短；相對地，自然會有更多空閒的時間。所以，今天日本工商界或政界最忙的人，他們多半打坐。現在的日本總理中曾根維持每天打坐；過去的老總統蔣介石先生也每天打坐。在很困擾忙碌的時候，只有打坐能幫助你，因此，打坐並不是和尚們沒有事情才做的事。

五、禪的層次

禪有幾個層次：第一個層次，我們稱為靜坐；第二個層次叫作定；第三個層次名為禪。真正禪的核心，是第三個層次，剛才所講的一些效果和作用，都是靜坐的階段。

（一）靜坐

諸位想不想知道，靜坐怎麼坐？我免費教一個方法。很簡單，只要把身體全部放鬆，坐正坐直，背不要靠在椅子上，把眼睛閉起來，手放在膝蓋上。身體的放鬆很重要，心情也要放輕鬆，能夠不想任何事最好，如果不能不想，就專心地想一件事。如果你正好想到「我可愛的兒子」，你便想：我可愛的兒子、我可愛的兒子……，但是，只可在心裡念著這一點，不可想我的兒子正在做什麼。也可以把注意力，集中在腳掌上，就這樣坐五分鐘，你的身體會輕鬆而舒服，心理的壓力也會比較少。學會了，請回去坐，如果你用這個方法靜坐，保證有用。

(二) 定

現在，我們進一步講第二個層次——定的作用。我的翻譯王明怡居士告訴我，現代的人，盡量想辦法找刺激，也就是刺激我們的眼、耳、鼻、舌、身，以及觀念，愈刺激愈好。例如電影裡的金剛，塑造成那麼大；還有每年紐約的梅西百貨公司，在過年遊行時，做了一些像鴨子等非常大的橡皮卡通人物，很多人都去看，就是為了找刺激。刺激什麼呢？刺激我們的眼睛。通常上了年紀或有病的人會耳鳴，年輕人則很少有此現象。而二、三個月前，我才知道，現在美國的年輕人也會耳鳴。我問這些年輕人，什麼原因造成耳鳴？他們說，因為聽搖滾樂。由於音量大，聽久了、聽多了，便造成耳鳴。為什麼要聽呢？求刺激嘛！而且不那麼大聲不過癮。如果打坐修定，眼或耳的官能很容易滿足，而且比那些刺激，微妙太多了。

入定的第一個層次，叫作光音無限。那個光，不是這個現實世界中，一般所見單純粗糙的光，而是內在的光，不是睜著眼睛才能看到的光。還有，這個世界上再美好的事物，和禪定中我們所見到美好的東西一比較，往往也會被比下去。有一次，有一個青年，參加禪七，從第二天開始，便常常坐著不起來，後來我問他：「你坐得很好嗎？」他說：「很好。」又問他：「你發現什麼了嗎？」他說：「唉呀！坐下去以後，牆壁上就出現了另外一個世界，我便走進去了，那個世界，好安靜，好清涼，好美，在這個世界上，找不到這麼美的地方，所以，我很喜歡，每次打坐就想進去看看。」但是，我告訴他：「這是幻覺與幻境，沒有意義，不可停留在那裡。」雖然，這是幻境，如果要找刺激或求美的話，那種境界，已經比現實世界裡，所見到的美要美多了。

另外，在世間用耳朵聽的音樂，中國的音樂，只有五個音，西洋的音樂有七個音，更微妙的音便沒有了。在光音無限裡，那種音樂是人間所沒有的，所謂「此曲只應天上有，人間難得幾回聞」。那個音樂不止七個音，聽起來是那麼的柔和、舒暢，好像會使全身都融化了似的。似乎每一個毛孔裡，都充滿了輕鬆、柔軟的感覺，幾乎令人忘了身體的存在。還有，美國現在的年輕人，沒用過迷幻藥的很少，我的弟子中，除了中國人以外，美國人中沒有一個沒用過迷幻藥的。我問他們，用迷幻藥究竟有什麼好處？他們說，那是很奇妙的，世界完全變了；可以暫時的把現實世界全部忘掉，進入另一個時空。我說，那並不稀奇，用打坐的方法，只要達到身心統一、內外統一的程度，即會有離開了現實世界的感覺。

談到肉體的刺激，性行為是肉體刺激中，方式最激烈的一種。可是，如果用打坐的方法，還不到入定，只要達到輕安的程度，就可感覺到，男女間性的刺激甚至比不上輕安十分之一的快樂。一旦有了輕安經驗以後的人，對性刺激的興趣就會轉淡，所以，防止愛滋病最好的辦法，就是打坐。其次，打坐的人在味覺方面，也常會有一些勝妙的覺受。此即所謂「天廚妙供」，也就是食物的味道特別好，是人間所沒有的。為什麼打坐的人會有這樣的經驗呢？因為，打坐之後，唾液的分泌會增多，消化功能因而更好，食欲也佳；加上吃東西的時候，不是以貪心來吃，而是很自然地把食物送到嘴裡，吃起來的感覺自然會有所不同。有一次禪七中，一個女孩經過相當好的打坐經驗後，吃飯時我問她：「今天的晚餐如何？」她說：「啊！太好了，從來沒有吃過這麼好的晚餐。」

由此可知，找物質的刺激，不如去打坐，在現實生活的世界裡，想要滿足刺激，並不是件容易的事；相反地，凡是滿足刺激的事，對我們的身心健康經常都是有損害的。刺激愈多，身體所受的傷害愈大，也愈容易生病。如用打坐來滿足我們的官能，而不找尋刺激，對我們的身心，都是有益的。

(三) 禪

現在，我們講第三個層次——禪。中國禪宗的禪，是智慧的意思，也就是沒有自我中心；沒有了自我中心，才有真正的智慧。有自我中心的時候，雖然有智慧，但那樣的智慧並不客觀，是主觀的；既然是主觀的，便不是真智慧。因為一有了主觀，就有利害衝突的關係。所以，我們可以說，禪是一種絕對客觀的智慧。佛法的目的和功能，在於智慧的追求和開發，因此，一切經典所指示的修行方法，都是為了開智慧。而自我中心的破除，必須用修行的方法，此可分為二種方式：第一種，是從修定開始；第二種，則不需要任何修行，而是直接把自己的妄念及自我中心，徹底地粉碎掉。第一種方法，是一般所通用的，稱為漸悟。第二種方法，是不容易做到的，一般稱之為頓悟。

漸悟好像是漸漸地把鏡子上的灰塵，一點一點地擦掉，到最後，擦得非常乾淨，甚至看不出有鏡子的存在。反射的時候，可看到形像，但是，並不知道那是鏡子。這種鏡子，餐廳裡面也有，本來餐館很小，但是，因為三邊都裝了鏡子，看過去即顯得十分深廣。把鏡子擦乾淨，是一種漸悟，也就是用修定的方法，慢慢地把自我自私的心理問題淡化，到最後，問題自然消失。但是，頓悟比漸悟更好，我也用鏡子來做比喻。如果鏡子很髒，我們不去擦它，而是用一個很大的石頭把它打碎，或用黃色炸藥把它炸掉（本來除了鏡子之外，並沒有牆壁），鏡子打掉以後，看得更遠更廣，一望無涯，清清爽爽，再也不需要用任何東西來擦它，而一下子鏡子就徹底地沒有了。所以，頓悟所見的智慧，力量遠大而深廣。

從修定的方法而言，叫作禪觀。禪觀的方法很多，我們今天沒有時間介紹。禪的方法最簡單，叫作禪機或是參禪。老師幫助學生修行時用禪機，學生自己修行時則用參禪。

最後，謝謝王明怡先生的翻譯，同時也感到光榮，臺北中國文化大學前任校長潘維和博士也在場指教。非常感謝諸位撥出兩小時的時間來聽講，如果覺得時間太長，謹在此致歉；若覺時間太短，明天下午二點還有一場演講，在哈佛大學燕京圖書館，十八室大禮堂。謝謝大家的光臨指教。

（一九八七年六月五日，講於美國麻州羅爾大學）

禪的文化

文化的內容應當包括思想、道德、藝術三個層面，故今天這個講題——「禪的文化」，也從禪的思想理論、禪的道德實踐、禪的藝術表現等三方面來講述。

一、禪的思想理論

禪的思想，淵源於印度，但成長於中國，其根本是來源於因緣變化而成的「空」的思想。這種「空」的思想，傳至中國即配合了「無」的觀念。「空」並非「空間」及「虛空」之意，而是生滅變化之過程——即指世間一切都是由有到無、從無到有之生滅變化的現象。由於有無之間，經常變化流轉，並非永遠不動，故稱之為「空」。在《中觀論》曾述及「眾因緣生法，我說即是無」，意即凡由各種不同因素所產生之生滅現象，它的本身無自性，故即是「空」。其後經由菩提達摩祖師將禪法傳入中國，在菩提達摩所著之〈二入四行〉中，對「空」、「無」二字，皆有論述。提及「空」時，以「萬有斯空」解釋一切現象皆空，在述及「無」時，也以「空」義相連，而云「此理，眾相斯空，無染、無著、無此、無彼」來闡述無所執著，無所分別之謂。

至六祖惠能的《壇經》時，特別重視「無相」，也是從《般若經》中的「空」義產生出來，《六祖壇經》所言的「無相」即是採自《金剛經》。無相是指世出世間萬事萬物無非假相、空相，包括物質、思想、語言、文字等現象皆稱為「相」。這些相都不是真實的存在，故名「無相」。六祖所指「無相」之「無」，並非離開世間現象外，另有一個出世間的真理世界；事實上，真理就在現前的假相世間，一切現象本身就是真理。以一般人的眼光看，以為世間的一切皆是真，所以有彼此、得失、好壞、善惡等的執著，因此產生困擾。以哲學家及宗教家的眼光看，世間是非真實的，真理是超乎世間的。哲學家相信有一個形而上的理念界，宗教家以為離開現實世界有一個神界的天國；將現實與理想，凡人與神聖，截然分開。但是以禪佛教的立場來看，二者是不必分開的，也是不可能分開的。超出於現實世界而尋求真理是不可能的。出世間就是住世間，真理的世界不離現實的世界。迷即凡夫世間，悟即出世間，迷與悟之分野，端在於是否真實體驗世間現象本身就是真理，及一切法的本性皆空。

以禪的眼光看世界，宛如進入森林，綜觀一片森林，而不只看枝葉與枝葉的細部，因此現象界是有條不紊的，有其自然的變化，卻不複雜。凡夫則是從枝枝節節乃至每一片樹葉的細部去看，因此理不出頭緒，以為其複雜。例如森林中樹葉的掉落、枝椏間的傾軋，以禪的眼光，只視其為自然發展的現象，一切充滿和諧與統一的氣氛，如果因緣需要整理就去整理，如果因緣不許整理就不去管它。但是凡夫的眼光看，則往往會對一些小事，弄得寢食難安，其實是庸人自擾，徒增煩惱。同樣地，在現實生活中，我們也應以禪的思想、悠閒的心情看待一切，無需光為雞毛蒜皮等細瑣之事操心，而忽略了整體性，以致生活充滿負擔及無謂的煩惱。進而，更應知道整體的本身，也不存在，也是一種暫時現象。

所以，以禪的立場來看世界，既是存在也是不存在的。存在是由於生命自身仍然延續，所以需要積極參與現實世界的生活，協助現實世界的運作。另一方面，應當一切順乎因緣、量力而為，凡遇事當盡心盡力，不強求，那就不致增加自身的困擾。若對事對人、對名對利，存有過高的期待，則不免患得患失，自害害人，痛苦莫名。所以禪的思想是要我們以整體來看世間現象的變化，並了解整體的世間也是暫時的、虛幻的存在。

二、禪的道德實踐

禪宗是佛教，所以禪的道德實踐，仍以佛教戒律精神為依皈。所謂戒律，是依據佛教思想的特色，參考當時社會的法律與道德觀所制定：應該做的必須要做，不需要做的不必做，不應做的不得做。戒律又依各人身分而有不同的要求，故有出家戒與在家戒之分，小乘戒和大乘戒之別。出家戒與在家戒被稱為小乘聲聞戒，確為大乘菩薩戒的基礎。大乘戒以舉心動念為準，小乘戒以肢體活動、語言表達為範圍。可見，大乘戒比小乘戒的要求嚴格。小乘戒以身體行為及語言行為不逾矩即算持戒清淨，大乘戒則於起心動念處不清淨即算破戒。

戒律由印度傳到中國，條文繁複，小乘戒有不同部派所傳持的律本，大乘戒也有不同的經論所闡揚的內容。由於佛法傳流的時地不同，到了中國，對於印度佛教的戒律條文，便難以全部依從了。

直至六祖惠能的第四代，百丈懷海大師創了「叢林清規」，有人批評他未遵大、小乘律制，他的說明是：「吾所宗，非局大小乘，非異大小乘，當博約折中，設於制範，務其宜也。」即是不拘泥於大、小乘戒的條文，也不違背大、小乘戒的精神，而參以中國之習俗，和當時生活環境的條件，訂立了禪苑生活的規約。比如他的寺院沒有供設佛像的佛殿，只有說法的法堂，及坐禪、小睡兩用的僧堂。又如依小乘戒，比丘不得掘土耕地，而百丈則倡「一日不作，一日不食」的農禪生活；依小乘律，比丘僧房內不得炊煮，必須托缽乞食，農禪生活則群集山居；乞食不便，亦不為中國習俗所重，故在寺中自炊自煮。此外，依律比丘不得「過午」而食，但在竺道生世，因宋文帝供僧，雖過日中，而言：「始可中耳。」道生便說：「白日麗天，天言始中，何得非中。」由於皇帝之言，而放棄不過午食的戒修。

不過禪苑的清規，原則上仍依從戒律，只是並不主張十分呆板僵化地遵守戒律條文。無可否認的，這種情形，當然是受到禪宗思想的影響，即是從整體全局而觀，不拘於枝末小節。在基本上，只要不違背佛陀制戒，是為使弟子們知足、少欲、樂頭陀、知慚愧的精神即可。禪宗的表現並非消極，而是在樸實節儉中生活得十分積極。《百丈清規》對於團體生活的寺院組織，分「置十務，謂之寮舍，每用首領一人，管多人營事，令各司其局也」。百丈大師在教人用心方面則說：「莫記憶、莫緣念、放捨身心，令其自在。」

由於禪的思想是從綜觀整體出發，我們的每個念頭，都與清淨實在的智慧、寂靜不動的涅槃，相即不相離。我們一舉手一投足的任何一個行為舉止，也與四聖六凡的十法界相連不相隔，所以生活的態度必然是安定、和諧而積極的。這也就是為什麼禪苑生活都是那樣簡樸、整潔、踏實、閒靜的原因了。

三、禪的藝術表現

禪的藝術，可具體地表現於建築、繪畫、文學等多方面。

從建築而言，現以我所到過之日本、大陸及臺灣為例，說明其建築中所具禪的藝術精神如下：日本的京都寺院建築，基本上是欲仿唐之風格，但實質上又接近五代及宋之間的特色。其代表有大德寺、相國寺等。奈良建築風格則是仿唐的，以法隆寺、東大寺、唐招提寺為代表。其中以京都之寺院較傾向禪的樸實精神，奈良風格基本上仍比較華麗。又如日本福岡縣永平寺，是仿宋的，故有極濃厚的禪的特色。此外在大陸的北京，仍有部分明朝建築，又江蘇鎮江焦山，亦有明末清初的造型，均尚帶有素樸的特色。至於北京故宮的雕龍畫鳳、飛檐雕壁，以及臺灣的忠烈祠等色彩鮮明的宮殿式建築，已然不是禪的風格。若係禪的風格，則當富有樸實無華、原木原色、自然實用等的特點。

其次，就繪畫而言，中國畫史可溯至數千年以前，但至山水之作的畫論出現，則以唐玄宗時的王維著稱。其畫論以簡眩、意到為核心。例如房舍虛掩於山林，人物簡單勾勒，以及烘雲托月的手法，皆在表達意在畫外之境地。觀者因人而異，可有不同之詮釋。其以間接手法傳達意趣，與禪宗的精神是吻合的。

又以人物畫而言，早期中國繪畫也是著重素描寫實為上，與西方古代繪畫不謀而合。我們從昭君出塞的故事，即可知當時是重工筆畫法的，但是其後之發展，卻趨向誇張不實的畫法，而與寫實畫大異其趣。此可以羅漢畫為例。相傳唐玄宗時代的王維曾作四十八幅《十六羅漢圖》，與他同時代的另有一位盧楞伽，也愛作《十六羅漢圖》，嗣後南唐的陶守立、王齊翰，前蜀的李升、張玄、貫休，吳越的王道求，乃至近代的靈源上人等，也都畫羅漢。羅漢像的造型，均以個人想像入畫，畫法誇張，人物奇特。羅漢畫之畫風可謂另樹一格。從早期十六羅漢，至宋朝添入兩位而成十八羅漢圖像及塑像。其後，五代的吳越王錢氏，更在天台山造五百羅漢銅像。羅漢畫及羅漢像的面孔、服飾、坐姿，無一雷同，羅漢相多出以袒裎、恣意、遊戲、衣履不整、挖耳支頤、擠眉、突目、蹺腳斜躺等怪狀，與一般出家人的舉止端正、威儀莊嚴，大相逕庭。何以畫家們用這種表現方法？其因旨在表現一種開朗、豁達、灑脫、任運的情趣，將內心之放曠自在，形諸於羅漢之解脫相。這種表現與前面所言不拘泥、不刻板的禪之精神是相關的。因為無須刻意做作，就是一種自然的威儀。

最後，以文學角度來談禪的藝術。中國的文學作品中，有許多的體裁、題材、意境，是得之於禪的靈感和啟示。將禪意表現於詩中的唐宋詩人很多，王維、白居易、蘇東坡等則為其中的大家。現舉三例如下：

（一）唐朝王維（西元七〇一—七六一年）的〈過香積寺〉的四句詩是：「不知香積寺，數里入雲峰，古木無人徑，深山何處鐘。」

這首詩不以直接描寫香積寺之景致，而以烘雲托月之手法，只寫參天的古木，入雲的山峰和隱喻香積寺的鐘聲，讓讀者自己發揮想像的空間，勾畫出自己的香積寺，與禪的精神——自己參悟禪意，是相合的。

（二）唐朝賈島（西元七七九—八四三年）〈尋隱者不遇〉的四句詩是：

「松下問童子，言師採藥去，只在此山中，雲深不知處。」

這首詩的意境，是寫動中的寧靜、空無的實在。此乃形容一個禪悟者對於剛要探路入門的初學者的指點——要問清淨的佛性何在？但自如法修行，雖尚未曾親證實悟，你可要有信心，佛性就在那兒，等到雲開霧散的悟境出現，你便會知道了。

（三）宋朝雷震作有〈村晚〉的四句詩是：「草滿池塘水滿陂，山銜落日浸寒漪，牧童歸去橫牛背，短笛無腔信口吹。」

這詩中所表現的是滿足、圓滿之情致，彷彿是描寫開悟以後的境界。凡一切圓滿自足、悠閒自在之心境，並不一定要有目的、有所為，而且「有所為」、「有所不為」，皆是好的、具足的。「短笛無腔信口吹」——吹得好不好，不在乎，也不考慮好壞，此乃是除去了分別、煩惱、執著的表現。所以可將此詩，看作是描寫禪的悟境。

（一九九〇年四月二十八日講於美國紐約東初禪寺）

《六祖壇經》的思想

一、提要

《六祖壇經》流傳的版本甚多，本文不做考訂。

《六祖壇經》的思想系統，雖用《般若經》，實則是沿襲如來藏的觀點，用般若的空慧，實證真如佛性，即是明心見性。《六祖壇經》中引用《金剛經》者凡五見，引用《文殊師利所說摩訶般若波羅蜜經》（簡稱為《文殊說般若經》）者一處。其目的是在證明相無而性有，強調本心及本性實在。所引般若經典，乃在取其做為修證的觀行方便，那便是般若三昧及一行三昧。

《六祖壇經》引用《維摩經》者計六例，共有五種觀念：頓悟、守心與直心、行住坐臥的日常生活即是修行、動靜一體、不二。此外尚可在《六祖壇經》中見到《涅槃經》、《梵網經》、《法華經》、《華嚴經》、《觀無量壽經》、

《大乘本生心地觀經》等的思想。

《六祖壇經》的心理實踐，名為「無念法門」，它又有無住、無著、無相等不同的名稱，以無念得智慧，以無著離煩惱，以無相證佛性。《六祖壇經》的生活實踐是以懺悔、發願、受三皈依戒為準則，而又將之導歸心理實踐的「無相法門」。

二、前言

從傳統的觀點和信仰來說，《六祖壇經》是禪宗的第六祖惠能大師（西元六三八—七一三年）所說，但自從敦煌本的《六祖壇經》出現之後，日本和中國的學術界對於《六祖壇經》的作者產生了爭論——究竟是出於六祖惠能的思想，還是出於神會（西元六六八—七六〇年）偽造？本文不擬討論這些問題，而只討論其思想內容。

《六祖壇經》收在《大正新脩大藏經》第四十八卷的有兩種：第一種叫《南宗頓教最上大乘摩訶般若波羅蜜經六祖惠能大師於韶州大梵寺施法壇經》，通常被稱為《敦煌出土六祖壇經》；第二種叫《六祖大師法寶壇經》，是中國通用且流傳最廣的一種，乃元朝至元年間比丘宗寶所編，而敦煌本《六祖壇經》是由六祖的弟子法海所輯。看起來敦煌本的應該比較可靠，而且宗寶編的《六祖壇經》在文字上也比較通順，可能是後期經過傳、抄、潤飾而成。目前又發現曹溪本，其實就是宗寶本的另一種抄本。以上三種，文字各有出入，特別是敦煌本，其段落次第的銜接和其他兩種版本都不一樣。因此可以證明，這三種版本屬於兩個系統，但也不能確定宗寶編的《六祖壇經》原始資料，比敦煌本更晚出。這些乃屬於學術界的版本考證問題，本文也不加以論述 1 。

本文所想討論的是《六祖壇經》的思想內容，參考各種版本 2 ，採取各本中共同所有的資料加以綜合，做為討論的重點。

三、《六祖壇經》的思想系統

我們知道，中國的禪宗傳自印度的菩提達摩，他於西元五二七年到達中國，成為中國禪宗的第一代祖師。他的思想源頭是根據四卷本的《楞伽經》；北宗神秀的弟子淨覺所輯的《楞伽師資記》，就是介紹從印度禪傳承到中國禪的系統，也可以講這是北宗禪，是以《楞伽經》的思想為主流。可是南宗的六祖惠能，雖也接受《楞伽經》思想的體系，但他卻以《金剛經》做為他的禪法的依據。因此，從《六祖壇經》的內容固然可以看到濃厚的如來藏思想的成分，那是受了《楞伽經》系統的影響；同時又發現他特別強調般若和智慧功能，所以又是屬於般若思想的傳承者。照道理，般若的思想是屬於「空」的，也可說是屬於中觀哲學的範疇；而《楞伽經》的思想既強調唯識，更強調如來藏，實際是以發揮如來藏思想為其重心，這是印度大乘佛教的另一個系統。至於《六祖壇經》怎麼可能把如來藏和中觀的兩系合而為一，這是值得討論的問題。

其實《六祖壇經》是以般若為方法，以如來藏為目標，用般若的空觀來破除煩惱的執著，以期達到「明心見性」的目的。所謂「明心」就是無煩惱的清淨心，「見性」就是見到與佛無二無別的佛性。佛性是如來藏的另一個名字，清淨心是般若智慧的別名，它是用般若智慧以達見性成佛的目的。此二者雖有不同的名字，也有不同的立場，然而是一體的兩面。若得其一，必得其二，不見其一，不得其二；明心一定能見性，見性一定是心地光明。

從中觀的立場看般若，若得般若即見諸法自性是空，那就是目的，不再另有如來藏、佛性、法性等目的可求。可是從如來藏系統來看，般若只是功能，不是其本體；功能必定有其所屬，所以產生了如來藏和佛性等思想。於是《六祖壇經》雖讓人見到般若的思想，實際上是以如來藏為根本，這是非常明顯的事。

四、《六祖壇經》裡的般若思想

《六祖壇經》用了兩種般若系統的經典，一是《金剛經》，二是《文殊說般若經》。經中引用並提到《金剛經》的句子和內容的，有如下幾處：

（一）〈行由品〉：「惠能一聞經云：『應無所住而生其心』，心即開悟，遂問客誦何經？客曰：『《金剛經》。』」[3]

（二）同品又說：「經云：『凡所有相，皆是虛妄。』」[4]

（三）同品又有：「祖以袈裟遮圍不令人見，為說《金剛經》，至『應無所住而生其心』，惠能言下大悟。」[5]

（四）〈般若品〉全品都談「摩訶般若波羅蜜」的意義，同時強調「須修般若行，持誦《金剛般若經》，即得見性。」又說：「聞說《金剛經》，心開悟解」[6]，而稱此法門為「般若三昧」[7]。

（五）〈定慧品〉引《文殊說般若經》所提倡的「一行三昧」[8]來說明《淨

名經》（即《維摩經》）的「直心是道場」、「直心是淨土」9這兩句話。

現在我們要討論它所引的般若系統經典的思想及其目的。首先我們必須注意《金剛經》所說的「應無所住而生其心」這句話對於《六祖壇經》思想的重要性和惠能之所以能夠成為中國禪宗史上最偉大的禪師的原因。這句話雖然是《金剛經》的精義所在，但不一定是最重要的經句。《金剛經》的通常論法是：「無法相，亦無非法相」，「不應取法，不應取非法」，「非法非非法」。這是排除執著，不執空也不執有；執有固然是有，執空還是落於「有」的一邊，「空」、「有」是相對的。可是就六祖最受用的那句話而言，雖然叫它「無住」，但還是要有「心」。這個心在現象上是智慧心，無住是不住於煩惱心，雖不住於煩惱心，但仍然有智慧心。因為求見清淨的佛性需要智慧，而對眾生的救濟也需要智慧，所以是「有」而不是「空」。若將這句話連著《金剛經》的前文來看，是說生了清淨心的菩薩，莊嚴了佛的國土，等於沒有莊嚴佛的國土，那才叫莊嚴了佛的國土；也就是行一切善等於沒有行一切善，那才叫行一切善。的確，這種清淨心就是無執著的智慧心，六祖惠能聽了這句經文就開悟，也就是跟智慧心相應。不過《金剛經》沒有說到開悟之後悟的是佛性，開悟本身就是目的，這跟六祖所體會的有所出入。

至於《金剛經》說：「凡所有相，皆是虛妄。」將這兩句的前後經文連起來看，是說不要把如來的身相當成真實的如來，因為如來不可以用他的身相來衡量和範圍，也可以說如來是遍於一切相而不等於任何一相，不能認定任何一相就是佛；對所有一切相都不執著，才能真正見到如來。所以其下還有兩句經文：「若見諸相非相，則見如來。」可是從《六祖壇經》的觀點來看，「相」是虛妄的，而心性是實在的，所以《六祖壇經》說：「識自本心，見自本性」，「本不生滅」[10]，這種不生又不滅的本心和本性，在《金剛經》中是看不到的。也就是說，相無性有，這與《楞伽經》的思想有些相同。

在《六祖壇經》中沒有舉出《文殊說般若經》的名字，但其所舉「一行三昧」是出於《文殊說般若經》，而且在第四祖道信的〈入道安心要方便法門〉，早已引用過此經的「一行三昧」之修行方法，目的是在以該經的「念佛心是佛」說明《楞伽經》的「諸佛心第一」[11]。《文殊說般若經》提到，在沒有進入一行三昧之前，「應處空閑，捨諸亂意，不取相貌，繫心一佛，專稱名字。」進入一行三昧之後，便是「法界一相，繫緣法界，是名一行三昧。……如法界緣，不退不壞，不思議，無礙無相。」可見《六祖壇經》引用一行三昧的目的，不在於般若的思想，而是在於修行的目的；著重的是一行三昧的本身，不是進入三昧的方法。所以《六祖壇經》說：「於一切處行住坐臥，常行一直心」，《文殊說般若經》中並未作如是說，那是《維摩經》的境界，也可以說，法界一相，無礙無相；因為無礙，所以行住坐臥的日常生活，都在三昧之中。這到後來的「無門關」便說出：「那伽（以龍喻佛）大定」[12]的思想，實際上也是智慧的功用。

至於「般若三昧」之名，未見於任何其他經典，而《六祖壇經》說修行般若行，持誦《金剛經》，就能入甚深法界及般若三昧。所謂般若行，是指離一切境而無生滅，能夠「來去自由，通用無滯」[13]，它就是「無住、無往、亦無來」的大智慧，以此智慧觀照一切法而能夠「無念、無憶、無著」[14]，這就是見性成佛的般若三昧。在《六祖壇經》中也特別強調「摩訶般若波羅蜜」，並且要大眾以清淨心來念這句話，能得智慧；念時不僅是用口念，而且要「心口相應」[15]，可見這是修行的方法。他把「摩訶」解釋為廣大的心量，如虛空無有邊，沒有一法可得，因為自性真空。可是《六祖壇經》又提醒我們，不要認為是空就以空心靜坐而成無記空[16]；也就是說，既對一切法不可執著，也不可讓心中成為一片空洞。這還是從修行的方法來肯定「應無所住而生其心」的觀點，同時也否定了一般所說的「沉空滯寂」就是悟境的觀念。禪宗的悟是指在活活潑潑的生活中，不受任何境界所動搖的心。

五、《六祖壇經》裡的《涅槃經》和《維摩經》思想

如來藏在不同的經論中有許多不同的名字，但指的是同一個觀點，例如佛性、自性、法性、本性、如來藏、法藏、真如、清淨心等都是。《六祖壇經》中提到六祖惠能曾為無盡藏比丘尼解釋《涅槃經》的妙義，此外，他也在廣州法性寺見到印宗法師講《涅槃經》。一切眾生皆有佛性的思想即出於《涅槃經》，可見六祖惠能當時所處的環境，佛性思想的信仰非常普遍。

《六祖壇經》中有幾處也引用《維摩經》[17]，茲列舉如下：

（一）〈般若品〉云：「《淨名經》云：『即時豁然，還得本心。』」[18]

（二）〈疑問品〉云：「所以佛言，隨其心淨，即佛土淨。」[19]出於《維摩經．佛國品》[20]。

（三）〈定慧品〉云：「如《淨名經》云：『直心是道場，直心是淨土。』」[21]出於《維摩經》的〈菩薩品〉、〈佛國品〉[22]。

（四）〈定慧品〉云：「只如舍利弗宴坐林中，却被維摩詰訶。」[23]這是出於《維摩經．弟子品》[24]。

（五）〈定慧品〉云：「故經云：『能善分別諸法相，於第一義而不動。』」[25]出於《維摩經．佛國品》[26]。

（六）〈行由品〉云：「佛法是不二之法。」[27]是出於《維摩經．入不二法門品》[28]。

從以上對《維摩經》經文的引證之多，可見其對於《六祖壇經》的影響之大。《維摩經》的思想被《六祖壇經》所用的，第一是頓悟的觀念，第二是淨心、直心的觀念，第三是行住坐臥的日常生活就是修行的觀念，第四是動靜一體的觀念，第五是不二的觀念。

（一）所謂頓悟的思想，應該是從「教相判釋」的思想而來的。從印度到中國唐朝的佛教史上，對佛經性質和層次的分類有許多家教相的判釋。大致上認定佛對上根人用直接法的頓教，對中下根人則用迂迴次第而說的漸教。六祖惠能既然能在聽了《金剛經》的經句「應無所住而生其心」而立時開悟，當然就是《淨名經》所說「即時豁然，還得本心」，那也就是頓悟。所以《六祖壇經》中有五處以上用到「頓教」來形容他的法門，又提到「頓見真如本性……令學道者頓悟菩提」，這都是從《維摩經》的觀點而來。

（二）《六祖壇經》以直心和淨心來解釋智慧，以智慧作為佛性和清淨心的作用，把不動的自性稱為「定」。因此他說「定」和「慧」相當於燈和光的關係[29]，沒有光不叫燈，是燈一定有光，它是不二之法。「直心」的心就是清淨的心，有了清淨的心，一定是通過智慧而見到了佛性，是體用不二；如果行直心，必定是淨心，那一定能見佛性。所以他勸人不要執著心外的一切法，如此則離煩惱而證菩提。

（三）日常生活就是修行，這與中國南方的山林佛教有關，必須勞作以維持生活；同時也與提倡佛教的普遍化有關。此外，六祖惠能自己的開悟是在聽到《金剛經》的經句便「言下大悟」[30]。他原先是打柴的樵夫，到了五祖的道場還是去做廚房裡的雜務，開悟之後又到獵人的隊伍去做幫手。所以他不以為心須經過打坐修行才能明心見性，只要當下能夠於一切法不執著，便與佛同。因此他要引《維摩經》所說的「只如舍利弗宴坐林中，卻被維摩詰訶」的例子為他的知己；禪宗也因《六祖壇經》做如此的提倡而開出與印度佛教不相同的局面。

（四）動靜一體的觀念，一般人的看法，動和靜是兩種不同的現象，動的時候不是靜，靜的時候無法動。可是從《六祖壇經》所見，在一切境界裡，身體可以跟著動，而智慧心也有所反應，但是稱為「真如」的心體是不動的31。然而不要以為叫作智慧的作用真的會動，它只是隨境反映的作用，不是對境起執的作用。反映是外境本身的現象，起執就是內在煩惱的作用；既然只是反映，它沒有真正的動。如鏡中的像，水面的影，與鏡和水本身無關。但它不是沒有作用，而是有大作用，這就把佛法用之於世間而不逃避世間。禪宗能夠成為中國佛教的主流，能夠長久普遍地受到歡迎，就是由於它能像佛經裡所說，蓮花出於汙泥而不為汙泥所染，處於動態的環境還能保持不動的寧靜心。

（五）《維摩經》的不二思想，在該經中有三十三位菩薩提出三十三種不同的觀點來說明對於「不二」的看法，都是用兩個相對的觀念和事物來說明既非一亦非二的道理32。世間的一切學問，不論是由哲學、宗教和科學等任何立場來看世間的現象和觀念，都不出相對的或二分法的觀點。即使是講一元論也是二分法，因為講二是對立的，講一也是等於二，因為單獨的一不能成立也不可能出現，只有從多才能見到一，或者從一切的現象而看全部的本體。如果要講一，一定是二或是多，所以不管站在哪個立場，總有它的矛盾不通之處，因《維摩經》提出不二的觀點。不二不等於一，也不等於二，那是真不二。也可以說，二是一的兩面，一是二的全體；有一，一定是與二同在；有二，一定不離一。此即《六祖壇經》所說定慧不二[33]、動靜不二[34]、善惡不二[35]、眾生與佛不二[36]、世間與出世間不二[37]等等。因此，《六祖壇經》最後的〈付囑品〉說：「動用三十六對」[38]；所謂動用，是從清淨的自性而取智慧的功用。六祖理出三十六對相對的觀念和事相，要大家能夠出離兩邊而通達地運用，實際上也就是不二法門的衍生。

六、《六祖壇經》裡所見其他經典的思想

在《六祖壇經》中所見的如來藏系統的經典，除以上所舉的《涅槃經》和《維摩經》之外，尚有《梵網經》、《法華經》、《華嚴經》、《觀無量壽經》、《大乘本生心地觀經》等。

（一）〈般若品〉「無相頌」首句云：「說通及心通」[39]，是出於《楞伽經》的〈一切佛語心品〉[40]。

（二）〈般若品〉及〈坐禪品〉兩處引用：「《菩薩戒經》云：『我本元自性清淨。』」[41]這是指《梵網經》[42]。

（三）〈般若品〉又說：「一切草木，有情無情，悉皆蒙潤。」[43]這是出於《法華經》的〈藥草喻品〉[44]。

（四）〈機緣品〉云：「若悟此法，一念心開，是為開佛知見。」[45]這是用《六祖壇經》的心法解釋《法華經》義[46]。

（五）〈懺悔品〉引用《華嚴經》的〈淨行品〉三皈依的偈而云：「經文分明言：『自歸依佛』，不言歸依他佛，自佛不歸，無所依處。」[47]

（六）〈疑問品〉：「世尊在舍衛城中說西方引化，經文分明：『去此不遠』，若論相說，里數有十萬八千。」此處引的是《觀無量壽經》及《阿彌陀經》[48]。

（七）〈懺悔品〉引用菩薩的〈四弘誓願〉：「眾生無邊誓願度」、「煩惱無邊誓願斷」、「法門無盡誓願學」、「無上佛道誓願成」，這是出於《大乘本生心地觀經》[49]。

現在將以上所引資料，說明其意義如下：

（一）《六祖壇經》所說：「說通及心通」，通常稱為「說通、宗通」，是指教理和證悟。如果沒有實際證悟的經驗，不會真正懂得佛陀所說甚深的教理；如果對經典真正認識了解的話，也必定是有了實際證悟經驗的人。所以，惠能以一個沒有受過什麼教育的人，能夠聽懂《金剛經》，而且又能為人解說《涅槃經》，然後又把他自己對於佛法的所知所見說了出來，完成一部《六祖壇經》，這就是實證的悟境和教理的認識彼此呼應。有一樣通達，必能兩樣一起通達。所以自古以來，在佛教裡有兩句話，「從禪出教」和「藉教悟宗」[50]。惠能講出《六祖壇經》從禪出教，他聞《金剛經》而開悟是藉教悟宗。禪也好，宗也好，都同樣是指佛性和自心的一體之兩面，此即如來藏思想的表現。

（二）《梵網經》的思想架構是屬於《華嚴經》的系統，所以它跟《華嚴經》一樣，主張以清淨心為本。清淨心實際上就是眾生的本有佛性，所以《維摩經》叫它為「本心」。所謂開悟就是悟此清淨的本心和眾生的本性，也是非常堅固而富有感化力的佛性，在眾生稱為如來藏；它裡邊藏著的是本來的佛，也就是自心之中藏著本有的佛性。如果能夠一念之間頓息一切的執著攀緣妄想，便叫作「頓見真如本性」，發覺眾生與佛無二無別。清淨心的色彩貫穿著《六祖壇經》的思想，也可以說，《六祖壇經》的所謂最尊、最上、最第一的法門，便是叫人明自心見自性的法門。

（三）《法華經》原來的比喻，是指佛法平等，但眾生根器有大小，所得的利益也有多少。《六祖壇經》則把雨水比成佛性，雨水能夠普及一切草木，有情和無情眾生都能得到利益，那表示佛性遍於一切眾生，乃至於無情，也都有佛性。雖然如此，《六祖壇經》也看到有些脆弱的草木若遇到大雨，不但不得利益，還會受到損害，因此又把《六祖壇經》所說的法門比喻為大雨，根性小的人聽到之後，反而會產生障礙51。因此它強調，眾生的自性雖與佛無二，但若是小根小智的人，並不會生信心。

（四）本來《法華經》所說佛的知見，就是成佛的意思；佛所知、佛所見，是圓滿無缺的智慧的功能，不是眾生的知識和煩惱的執著，因此把佛的知見解說為禪法的內容。不過《法華經》並沒有說開佛知見就等於《六祖壇經》所講的見性和開悟；兩者是否相同，尚有斟酌餘地，在《六祖壇經》的立場則認為相同。

（五）因為《華嚴經》主張淨心緣起，所以受到《六祖壇經》的重視。本來《華嚴經．淨行品》所講的自皈依是指皈依三寶的那個人自己皈依三寶了，因此下邊還有一句，「當願眾生」也能像自己一樣，從三寶得到利益，並未肯定地說是皈依自己的自心三寶。可是《六祖壇經》卻把自己皈依三寶解釋為皈依自己的自心三寶。如果從《華嚴經》的基本思想來講，可以像《六祖壇經》如此解釋；不過《六祖壇經》是用《梵網經》所說「本源自性清淨」的觀點來解釋《華嚴經》所說的「三皈依偈」。

（六）《六祖壇經》出現的時代，彌陀淨土的思想和信仰在中國已非常盛行，像《六祖壇經》這樣主張開發自心和自性世界的佛教信仰，必然和求生西方淨土的阿彌陀佛信仰有觀念上和方法上的衝突。彌陀淨土重視以佛力往生佛國，而禪宗重視自淨其心，言下頓悟，不立文字，不向心外求法，也不見心外有佛，故有與彌陀淨土信仰辯論的必要。可是它也不能否定彌陀法門的價值，所以《六祖壇經》根據《觀無量壽經》所說的：「阿彌陀佛去此不遠，汝當繫念諦觀彼國，淨業成者」，著重在「淨業者」這一點上。所以《六祖壇經》說，如果能自淨其心，即除十惡等障，念念見性，則彌陀佛土「去此不遠」，其實就是後來有人解釋為「自性彌陀，唯心淨土」的思想，而把《觀無量壽經》主張的要修三種福業的觀念省略了。從這一段看，彌陀淨土的思想，雖也屬於如來藏的系統，比如稱阿彌陀佛的因地為法藏比丘，意即一切法的庫藏，含有如來藏的意思在內；但是《六祖壇經》不能接受懷著不善之心也能念佛往生的觀念。也就是說，必須先要做到自淨其心，才能往生佛國淨土。

（七）《大乘本生心地觀經》的〈四弘誓願〉，是菩薩戒的基礎，又叫作一切菩薩成佛的通願。發大乘心，求成佛道，就是菩薩初發心。若要求受菩薩戒，先要懺悔、發願，然後接受三皈，《六祖壇經》就是以此架構來勸人實踐它的法門。不過，《六祖壇經》在〈四弘誓願〉之上多加了「自心」和「自性」的觀念，因為自心是無量廣大的智慧心，自性是清淨不動無障礙的佛性，所以發願度無量眾生不是心外真有眾生可度，斷一切煩惱不是心外真有煩惱可斷，修學一切法門不是心外真有法門可學，成無上佛道不是心外真有佛道可成。如果不是這樣，便成了心外有眾生、有煩惱、有法、有佛，那是二法，不是不二法；那是執著攀緣，不是解脫自在。

但也因此造成許多人的誤解：自己尚在煩惱中而說沒有煩惱，也不需要斷煩惱；不懂佛法而認為沒有佛法可學；無能幫助眾生而認為心外沒有眾生需要度；不知佛道是什麼就認為不需要成佛。這就變成了邪見，亦即《六祖壇經》所說的「邪迷」、「誑妄」、「不善」、「嫉妒」、「惡毒」等的心理[52]。

七、《六祖壇經》的心理實踐

《六祖壇經》的法門又叫作無念法門，《六祖壇經》的修行叫無念行；連帶著無念的觀念，還有許多名詞。在〈般若品〉有「無住、無往、亦無來」[53]、「無念、無憶、無著」[54]、「無相」[55]；在〈定慧品〉有「無念為宗，無相為體，無住為本」[56]；在〈懺悔品〉有「無相懺悔」[57]、「無相三歸依戒」[58]。

「無念」一詞最早見於《大乘起信論》[59]，但《六祖壇經》是不是受了《大乘起信論》的影響，不得而知；在《金剛經》有這種暗示，那就是「過去心不可得，現在心不可得，未來心不可得」[60]，《六祖壇經》不用無心而用無念，可能是怕把染著心和清淨心混淆。《六祖壇經》中所講的自心一定是清淨心，無念是指前念、今念、後念，念念不被愚迷、憍狂、嫉妒等心念所染；而且念念之中，前念、今念、後念不被前境所縛[61]，所以「心不染著，是為無念」[62]。

「無住、無往、亦無來」是用之解釋「摩訶般若波羅蜜」的，它說明了用大智慧來超越一切煩惱的事實，所以《六祖壇經》說「打破五蘊煩惱塵勞」[63]。它不是本來沒有而現在有，也不是現在一直停在這兒，從來沒有離開過；不能說它是有或是沒有，不能用任何話來形容它。同樣地，如果運用大智慧能使我們的心，不停留在任何一個念頭上，也不被任何念頭所吸引。「無住」是指現在，「無往」是指過去，「無來」是指未來。也就是在每一個念上面都沒有我，實際上就是無我的意思。「無憶、無著」，所謂「憶」和「著」是指對過去、現在、未來的念頭和事物有取有捨，那就是煩惱。因此《六祖壇經》說：「以智慧觀照，於一切法不取不捨，即是見性成佛道。」[64]

「無相」這個名詞也是從《金剛經》的經句而來。前面已舉過《六祖壇經》所用的《金剛經》的兩句話「凡所有相，皆是虛妄」[65]，而且《金剛經》又說：「無我相、無人相、無眾生相、無壽者相，是故須菩提，菩薩應離一切相。」[66]其實無我相、無人相、無眾生相這三種是指眾生的自我中心，和他的生活環境，壽者相是眾生在時間上活動的現象，四種相也就是眾生在時空中的關係和現象，這些叫作一切相。唯有離開一切相，才能發現無上的真如心。因此《六祖壇經》

要求我們以無念得到智慧，以無相親證佛性。所謂無相是指離開內外相對的相以及體用相對的相。

八、《六祖壇經》的生活實踐

佛教徒的生活實踐通常是用戒、定、慧三無漏學做依準；依戒攝身，依定攝心，依慧指導身心的行為，這是佛法不變的原則。在受戒之前需要發願、懺悔，發願是願意接受佛法修行佛道，如《六祖壇經‧懺悔品》所舉的〈四弘誓願〉；懺悔是對於三世的罪障以至誠懇切心來懺悔。凡夫在受戒之後，對於戒律的持守，尚有違反可能，所以還要懺悔；一次一次地違犯，再不斷地懺悔，就能持得愈來愈清淨，犯過失的可能愈來愈少。《六祖壇經》也鼓勵這一點，所以設有〈懺悔品〉，裡邊包括懺悔發願和受三皈依戒。然其與一般經典所不同的，是強調「無相」的觀念。無相的意思是心外無法，一切法皆是從自己的心中所顯現，皈依三寶也即是皈依自心，以「自心」皈依「覺」、以「自心」皈依「正」、以「自心」皈依「淨」，便是皈依了三寶[67]。

一般的說法是以坐禪來達到定和慧的目的，而《六祖壇經》於此也有不同的觀點。

通常認為坐禪的方法不出於禪觀，也就是用各種不同的觀想法，例如數息觀和不淨觀，或五停心觀等，來達到身心統一及超越身心之外的目的。可是《六祖壇經》對此有所批評，它主張既不要著心，也不要著淨，也不是不動。如果著心，那是妄想；如果著淨，那是妄念；如果是不動，只有自性才能辦得到。所以他說：「心念不起名為坐，內見自性不動名為禪」，「外離相為禪，內不亂為定」68。這對於傳統的次第禪觀而言，是不相同的。傳統的次第禪觀，是要在一個安靜的地方坐下來，用心去放在一定的方法上，然後使得散亂心逐漸減少，以至消失而入定境。可是《六祖壇經》所說的坐禪不在於打坐，乃在使得自己的心當下不起雜念而能見到不動的自性，叫坐禪。能夠達到這樣的程度，內心自然不亂，所以也叫定，並且說這是真正的禪、真正的定。從外面看叫作禪，從內看叫作定；實際上，坐禪、禪定，是指同一樁事。

（脫稿於一九八九年六月三十日美國紐約禪中心）

註釋

1 有關《六祖壇經》的考證，最早有日本的宇井伯壽撰《第二禪宗史研究》第一篇〈壇經考〉；在中國有印順法師的《中國禪宗史》第六章〈壇經之成立及其演變〉；此外，鈴木大拙、柳田聖山等日本學者，均對《六祖壇經》做過考證的工作；在美國的《六祖壇經》英譯，我所見到的兩種：1.*The Platform Sutra of the Sixth Patriarch*, by Philip B. Yampolsky (New York: Columbia University Press, 1967.) 2.*The Platform Scripture: the basic classic of zen buddhism*, translated by Wing-tsit Chan.

2 本文對《六祖壇經》文句的引用，是依據《大正新脩大藏經》的宗寶編集本。（《大正新脩大藏經》，以下簡稱《大正》）

3 《六祖壇經》，《大正》四十八．三四八頁上。《金剛經》，《大正》八．七四九頁下。

4 《六祖壇經》，《大正》四十八．三四八頁下。《金剛經》，《大正》八．七四九頁上。

5 《大正》四十八．三四九頁上。

6 《大正》四十八．三五〇頁下。

7 《大正》四十八．三五一頁上——中。

8 （一）《六祖壇經．定慧品》，《大正》四十八．三五二頁下。

（二）《文殊說般若經》，有兩種譯本：1.《文殊師利所說摩訶般若波羅蜜經》上、下二卷，梁扶南國三藏曼陀羅仙譯。2.《文殊師利所說般若波羅蜜經》一卷，梁扶南國三藏僧伽婆羅譯。提及「一行三昧」的是二卷本的卷下，見於《大正》八．七三一頁。為四祖道信所引者，亦正是此段經文。

9 《六祖壇經．定慧品》，《大正》四十八．三五二頁下。

10 《大正》四十八．三四九頁上。

11 道信的資料被收於《楞伽師資記》，《大正》八十五．一二八六頁下—一二八七頁上。其所引《文殊說般若經》的內容，見於《大正》八．七三一頁上—中。

12 《大正》四十八．二九八頁中。「那伽」是龍，佛常在定如龍。

13 《大正》四十八．三五一頁中。

14 《大正》四十八．三五〇頁下。

15 《大正》四十八．三五〇頁上。

16 《大正》四十八．三五〇頁上。

17 《維摩經》有前後三譯：1.《佛說維摩詰經》二卷，吳支謙譯；2.《維摩詰所說經》三卷，姚秦鳩摩羅什譯；3.《說無垢稱經》六卷，唐玄奘譯。梵文「維摩詰」（Vimalakirti），有「淨名」、「無垢稱」兩種意譯。

18 《大正》四十八．三五一頁上。

19 《大正》四十八．三五二頁上。

20 《大正》十四．五二〇頁中有云：「菩薩以意淨故，得佛國淨。」又於《大正》十四．五三八頁下云：「依佛智慧，則能見此佛土清淨。」又云：「若人心淨，便見此土功德莊嚴。」

21 《大正》四十八．三五二頁下。

22 《大正》十四．五四二頁下有云：「我問道場者何所是？答曰：『直心是道場，無虛假故。』」此下尚有發行、深心、菩提心、六波羅蜜、四無量心等，都是佛的道場。道場即是佛土。另《大正》十四．五三八頁中有云：「直心是菩薩淨土。」

23 《大正》四十八．三五三頁上。

24 《大正》十四．五三九頁下。

25 《大正》四十八．三五三頁中。

26 《大正》十四．五三七頁下。

27 《大正》四十八．三四九頁下。

28 《大正》十四．五五〇頁中—五五一頁下。

29 《大正》四十八．三五二頁下。

30 〈行由品〉，《大正》四十八．三四九頁上。

31 參看《六祖壇經》的〈般若品〉及〈定慧品〉，講解般若、真如、定及慧之與心性之關係。

32 參見註28。

33 〈定慧品〉云：「定慧一體，不是二。」《大正》四十八．三五二頁下。

34 〈行由品〉云：「不是風動，不是旛動，仁者心動。」《大正》四十八．三四九頁下。

35 〈行由品〉云：「一者善，二者不善，佛性非善非不善，是名不二。」《大正》四十八．三四九頁下。

36 〈般若品〉云：「不悟即佛是眾生，一念悟時眾生是佛。」《大正》四十八．三五一頁上。

37 〈般若品〉「無相頌」云：「佛法在世間，不離世間覺。」《大正》四十八．三五一頁下。

38 〈付囑品〉云：「動用三十六對，出沒即離兩邊。」《大正》四十八．三六〇頁上。

39 《大正》四十八．三五一頁中。

40 《楞伽阿跋多羅寶經》卷一〈一切佛語心品〉云：「顯示一切說成真實相，一切佛語心。」《大正》十六．四八四頁上。

41 〈般若品〉，《大正》四十八．三五一頁上。〈坐禪品〉，《大正》四十八．三五三頁中。

42 《梵網經．盧舍那佛說菩薩心地戒品第十》卷下有云：「金剛寶戒，是一切佛本源，一切菩薩本源，佛性種子，一切眾生皆有佛性。」又云：「本源自性清淨。」《大正》

二四．一〇〇三頁下。

43 《大正》四十八．三五〇頁下。

44 《法華經》卷三，《大正》九．十九頁中有云：「如彼大雲雨，於一切卉木叢林及諸藥草，如其種性，具足蒙潤，各得生長。」

45 《大正》四十八．三五五頁下。

46 《法華經》卷一〈方便品〉云：「諸佛世尊，欲令眾生，開佛知見，使得清淨故，出現於世。」《大正》九．七頁上。

47 （一）《六祖壇經．懺悔品》的引文處，《大正》四十八．三五四頁中。

（二）被引用的《華嚴經》文：1.出於六十卷本第六卷〈淨行品〉，為「自歸於佛」，《大正》九．四三〇頁下。2.出於八十卷本第十四卷〈淨行品〉，亦為「自歸於佛」，《大正》十．七〇頁上。

48 （一）《六祖壇經》引文處，《大正》四十八．三五二頁上。

（二）《觀無量壽經》被引之處有「阿彌陀佛，去此不遠」之句。《大正》十二．三四一頁下。

（三）《阿彌陀經》有「從是西方過十萬億佛土，有世界名曰極樂」之句，《大正》十二．三四六頁下。

49 〈四弘誓願〉，在諸經典中，有不同的表現：1.《道行般若經》卷八是「諸未度者悉當度之，諸未脫者悉當脫之，諸恐怖者悉當安之，諸未般泥洹者悉皆當令般泥洹。」2.《法華經》卷三〈藥草喻品〉，有與《道行般若經》相似的〈四弘誓願〉。3.《菩薩瓔珞本業經》卷上，是以苦集道滅的四聖諦為〈四弘誓願〉。4.《大乘本生心地觀經》卷七，則以「誓度一切眾生，誓斷一切煩惱，誓學一切法門，誓證一切佛果」，為一切菩薩的四願。以

50 上資料參閱日本《望月佛教大辭典》一七五五—一七五六頁。

（一）根據印順法師的《說一切有部為主的論書與論師之研究》六一四頁有云：「太虛大師曾說：『天台與賢首，從禪出教，是重經的。三論與唯識，是重論的，重傳承的。』」印順法師接著又說：「然從學派的發展去看，一切大小宗派，都是根源於禪觀的修證。等到從禪出教，形成大流，學者大都就重於傳承及論書了。」此書於一九六八年六月初版，出版者為印順法師本人，流通處為臺北市的慧日講堂。

（二）菩提達摩的〈二入四行〉有云：「理入者，謂藉教悟宗，深信含生，同一真性，俱為客塵妄想所覆，不能顯了。若也捨妄歸真，凝住壁觀，無自無他，凡聖等一，堅住不移，更不隨於文教，此即與理冥符。」《大正》四十八．三六九頁下。

51 此在《法華經》卷一〈方便品〉，曾敘述釋迦世尊將說《法華經》時，預言：「若說是事，一切世間天、人、阿修羅，皆當驚疑，增上慢比丘，將墜於大坑。」《大正》九．六頁下。

52 《六祖壇經．懺悔品》有云：「從前所有惡業，愚迷、憍誑、嫉妬等罪。」又云：「善知識！心中眾生，所謂邪迷心、誑妄心、不善心、嫉妬心、惡毒心，如是等心，盡是眾生，各須自性自度，是名真度。」《大正》四十八．三五四頁上。

53 《大正》四十八．三五〇頁下。

54 同前註。

55 〈般若品〉有云：「吾有一無相頌，各須誦取。」《大正》四十八．三五一頁中。

56 《大正》四十八．三五三頁上。

57 《大正》四十八．三五三頁下。

58 《大正》四十八．三五四頁上。

59 《大正》三十二．五七六頁中有云：「又心起者，無有初相可知，而言知初相者，即謂無念。」

60 《大正》八．七五一頁中。

61 《六祖壇經．懺悔品》所用句子。《大正》四十八．三五三頁下。

62 《六祖壇經．般若品》云：「若見一切法，心不染著，是為無念。」《大正》四十八．三五一頁上。

63 《大正》四十八．三五〇頁下。

64 《大正》四十八．三五〇頁下。

65 《大正》八．七四九頁上云：「凡所有相，皆是虛妄，若見諸相非相，則見如來。」

66 《大正》八．七五〇頁中。

67 《六祖壇經．懺悔品》云：「勸善知識，歸依自性三寶，佛者覺也，法者正也，僧者淨也。自心歸依覺，邪迷不生，少欲知足，能離財色，名兩足尊。自心歸依正，念念無邪見，以無邪見故，即無人我貢高，貪愛執著，名離欲尊。自心歸依淨，一切塵勞愛欲境界，自性皆不染著，名眾中尊。」《大正》四十八．三五四頁中。

68 《六祖壇經．坐禪品》，對於坐禪的定義，有其獨特的界定法，參閱《大正》四十八．三五三頁中。

禪意盡在不言中——〈默照銘〉解釋

一、前言

中國禪宗，到了南宋之初，臨濟一系出有大慧宗杲禪師（西元一〇八九—一一六三年），提倡話頭禪，曹洞一脈出有宏智正覺禪師（西元一〇九一—一一五七年），首倡默照禪，乃係宋世的禪門雙璧。話頭禪在中國及日本，迄今猶是活用的好方法，默照禪在中國傳流未久，到了日本則形成了只管打坐的曹洞禪法。

話頭公案，在我國佛教界，乃是相當熟悉的禪修方法，默照禪則即使在曹洞宗的寺院，也少人知。其實在明末之際的洞下禪德，多用念佛及話頭，已與臨濟系統幾乎難分難辨。此乃引起我要以宏智正覺的〈默照銘〉做為講本的動機。

一九八〇年十一月二十七日至十二月二日的之間，我在紐約的東初禪寺主持禪七，以五個晚上的開示，講畢五十八句計二百三十二字的〈默照銘〉（編者案：原銘文共七十二句計二百八十八字，作者禪七開示的部分是前五十八句），英文翻譯的部分，早在一九八二年已被整理成文，編入了《佛心》（*Getting the Buddha Mind*）一書，由紐約的法鼓出版社（Dharma Drum Publications）出版。

由於講述之時，盡量避免引經據典的生澀感，也未注意用字遣詞的謹嚴度，以致看了吳麗環居士根據錄音帶謄錄下來的中文講稿，連我自己也有東拉西扯不知所云之感。時間一過就是將近十年，吳居士再度將稿子請我修正潤飾，一則感於她的誠敬，二則也想對我自己負責，故用了一週的時間，將講稿逐字逐句地重寫了一遍。下面便是我對〈默照銘〉的解釋。

默默忘言，昭昭現前；

「默默」是心念的寂靜，「昭昭」是心地的明淨。

「忘言」是既不用口說的語言，亦不用思考的語言，一般人的沉默，僅至於口不出聲，未必能夠心無妄念，那便不是「忘言」。「現前」是毫無差異的映現，是將自己所面對的一切現象，百分之百地如實觀照，若加入了主觀的判斷，便與現前的事實有了出入。

這兩句話，既是禪修的方法，也是禪修的體驗。

「默默忘言」就是既無語言，也無對象，乃至沒有心念的活動。先將自己跟環境孤立起來，再將自己的現在跟過去與未來孤立起來，最後要將自己的現前一念跟前念與後念也孤立起來。「昭昭現前」是在忘言之後，所得的明朗與清晰，首先知道有心的念起念滅，其次凡有念起立即發覺，最後唯有朗然獨照的明淨之心，像是一面纖塵不染的廣大明鏡。

默照禪的用功態度，可緊可鬆。緊法則是以禪修者的意志力，強壓妄念不令生起，強提念頭不令昏沉，坐姿端正，挺腰豎頸，守住身心，住於一境，久久即可漸入「忘言」的程度。但是有一輩人，宜用鬆方，則以禪修者的意識，有意無意地放鬆全身的肌肉和神經，然後既不控制妄念，也不隨逐妄念，不怕念起，不愁緣境，但求放鬆身心，不蓄意回憶過去，也不蓄意推想未來；不壓不提，恬淡清淨，漸漸地便會進入默照的佳境。

鑒時廓爾，體處靈然；

當你修行用功時，如果還感覺時間的長短，這還沒有到「默默」的程度，在「默默」的情形之下，時間是沒有長短的，而你自己也感覺不到有時間的存在，沒有時間，就是無限的時間，這等於說無窮的快就等於無窮的慢。如果自認為已在「默默」的情形之下，但還有時間的觀念，就表示並非真正的「默」，因你那時還有念頭在動，由於尚有念頭的起滅，所以才感覺到有時間，如果念頭的生滅沒有了，時間也就沒有了。且舉近代中國有一位太虛大師的經驗為例：有一天晚上，他聽到寺院裡就寢的鐘聲，他就失去了時間感，直到第二次又聽到起床鐘聲，在這之間，雖已過了一夜，在他的感覺上根本沒有時間的過程，只是聽到打了兩次鐘而已。可知用功到了沒有念頭的時候，時間便不存在了。

「體處靈然」的內容就是講的「昭昭現前」，也就是講的空間無限，而這個無限之中包含著所有的一切東西，起起滅滅。在無限的空間裡面，一切的東西都是活活潑潑的，自由自在的，在這個情形之下，念頭是無住的、不動的。念頭住、動，便失卻「靈然」的自在，而被一定的空間所拘束，若念不住、不動，你所體驗的空間便是無限的遼遠豁達，若念隨境動，則眼睛等六根、六識所及的範圍，絕對是有限的。就以眼睛為例，若念不住、不動，你的肉眼也能看到更多的東西，那就像照相機的功能，因為底片本來無住、無著，也不動，故可以把鏡頭所及的距離範圍內所有的東西，在很短的時間內都能拍攝進去，如果照相機的底片本來都有住、有動，還能照到清晰的相片嗎？

我在禪七中偶爾會用一種方法：教大家不要用頭腦想，光用眼睛看，或用耳朵聽，這個時候你看到的是什麼？你聽到的是什麼？但是在禪七的頭兩天，不可能用成功這種方法，因為你的心尚未安定下來，就不可能不用頭腦想，到了第四天以後，能夠要他不用頭腦想就能夠做到不用頭腦想的人，也不會多。修行者的心若不動，就能夠體驗到相似的空間無限。

至於真實的空間無限，則有三種情況：1.是佛陀的神通境界，其他凡聖眾生的神通境界則不能無限。2.是從很小的一點而看到無限，在《楞嚴經》裡，就說「於一毛端」三世諸佛轉大法輪。也就是說，三世一切諸佛同時都在一根毫毛的尖上，說無量佛法度無邊眾生。那是因為無窮的小便等於無，既是無小可小，那不就是無窮的大嗎？3.是明心見性，親見實性即是無性之時。

靈然獨照，照中還妙；

「靈然」不是虛空，而是空間，這個空間不在內外中間，因為這個地方講的都是心，唯有不動心的體驗，是無限的空間，因此「靈然」即是清清楚楚、明明白白、實實在在、活活潑潑。「獨照」是唯有觀照和覺照之意。默時無雜念、照時不散亂，默時心靜，照時心明。這種經驗只有在默照互資時，才能發生。否則的話，只應稱作「暗然獨疑」，所以眾生看一切的人都是眾生，若能破暗為明，便可化疑為照，故以佛眼視眾生，眾生都是佛。曾有一位禪修者在小參時告訴我說：「我好像是在跟什麼人鬥爭呢！」我說：「那是你自己在跟你自己鬥爭。」他說：「自己怎麼可能有兩個我呢？」我說：「何止兩個，而是無數個。雜念妄想如絲如麻。因前念與後念矛盾，所以覺得有兩個人在心中角力鬥爭。那就是疑暗而非默照。」後來我教他一句話：「不除妄想莫求真。」不用排斥妄念，只要不去理它就會安靜下來。如池水本清，只因有外力侵擾，便成渾濁，如能任其自然，便會還歸清淨。「靈然獨照」的功能，必先有其靜默的工夫做前導。

「照中還妙」是在清楚裡面，無所不容。是說默照功力用上之時，對於任何一項大小事物，都能從很多角度、很多層面，得到無量的消息，乃至要說「一沙一世界，一花一如來」。那是不可思議的境界，非語言文字所能表達，也出乎思想符號的範圍之外，其中的奧妙，盡在無言的覺照之中了。

露月星河，雪松雲嶠；

這是形容正在默照情況下的心境，「露月」是說天上無雲也無霧，只有圓滿明朗清楚的月亮，那是默照時的心境，明淨如滿月。「星河」即是銀河，在有月亮的時候，月亮非常清楚，在沒有月亮的時候，滿天的星看得非常清楚。而釋迦世尊的開悟，也是由於見到了非常明亮清楚的星。這個星河就代表我們正在默照工夫用得很好的時候，可有萬點明星一覽無遺的心境出現。普通人的心，則不見月亮也不見星河，倒是滿天的煩惱烏雲。

「雪松」也是比喻，是在說明默照工夫用上時的心。松樹上面覆滿了雪，外觀不見松樹只見雪。在寒冬降過大雪之後，林間的每一株松樹，看起來都像是玉雕粉妝水晶做的，一片清涼明朗的景色，我們的心能夠到了這樣的程度，必然是開朗、安定、舒坦、寧靜的。「雲嶠」是在形容默照時的心好像山峰上的雲。

雲在山頂能遮山，山卻沒法擋住雲，這是表示心的自由、自在、無拘、無束。為什麼不講天空中的雲而講山峰中的雲？因為雲在空中根本沒有東西可以阻擋它，山峰則是阻礙的東西，雖有山頂阻礙而雲不受阻礙，才能比喻默照工夫的灑脫心境。那時若有美人坐懷而心不會亂，威脅利誘而心不會動，分解肢體而心不怖，因為心得自在，不受境牽。

晦而彌明，隱而愈顯；

「晦」是黑暗，「明」是光明，心境在黑暗的現實情況下，更加明朗，就是在煩惱中能使智慧增長。「彌」是經常持久，外表看他好像是糊里糊塗，事實上他是深藏不露，大智若愚。智者可能木訥，但他的心胸磊落，不會自欺欺人。

隱是隱藏，顯是表現。「晦」及「隱」是默照的「默」字，「明」及「顯」是默照的「照」字。默時有似癡呆，所以如晦如隱，照時智慧靈然，所以如明如顯。默照同時，則其心境不動而萬古長明。這是說明智慧心的形態和智慧心的力量。

鶴夢煙寒，水含秋遠；

「鶴夢」是心如夢中化鶴，在碧空飛翔，只見一望無際的遼闊、空曠。「煙寒」是溟溟渺渺，無遮無隔，動靜一如「無邊無涯」。這是「默照」雙運的心境。

「水含秋遠」是形容默照的心境，澄靜深遠。心境澄澄湛湛，清如深秋的明潭，而又潭深無底，幽遠莫及。從水面上一直看下去，水面及水中的景物，雖可一目瞭然，但又不見其底。同時又因秋水明靜如鏡，能反映無邊的天空，秋季雲薄霧稀，所謂秋高氣爽，天空高遠無極。這是描寫「默照」時的空間感，有無盡的澄靜與深遠。

浩劫空空，相與雷同；

「浩劫」就是無盡期的長時間，不論多少長的時間，也有人信有永恆，但在「默照」的心境中，時間並不存在，「劫」是可長可短的時間，無盡的時間都是「空」的，短暫的時間，當然也是空的。「雷同」是說明「默照」的心中，沒有前念與後念之別，前念是寂寂惺惺，後念也是寂寂惺惺，是心中無物，而又明鑒無餘的意思。從過去到現在，從現在到未來，其間的關係，稱為「相與」，在「默照」之時，心是非有而有的，若欲求其時間的前後過程，已不可得，所以稱為「雷同」。時間的感覺，是從念頭的變遷而來，若念即無念，時間的長短，當下即空。

妙存默處，功忘照中；

「妙存默處」是說一切好的功能都在靜默裡面，西諺「沉默是金」，還不能形容靜默的微妙。心若對境攀緣，念頭浮動，便失去了靜默，失去了聰明，當然也堵塞了智慧之眼，了無妙意可言。「功忘照中」的「照」字就是觀照的功能，正在觀照之時，便不知是在觀照，已忘了照的功能，那才是照而常默的工夫。此正如永嘉玄覺禪師（西元六六五—七一三年）的〈奢摩他頌〉有云「恰恰用心時，恰恰無心用」的境界。將這兩句話連起來講：默中含有無量的智慧功能，正在使用智慧觀照一切境界之時，恰已不知尚有能照與被照的事物了。

妙存何存，惺惺破昏；

前面既說：「妙存默處」，是於「默」有妙，但請不要誤會，以為僅僅靜默就算是妙。如果默而不照，可能墮入昏沉狀態，故要接著提示，用「惺惺」而不糊塗的明覺心來破除昏沉瞌睡的現象。就在明白清醒的情況下，心念依舊如同止水一般的安寧。

「惺惺」二字連用，見於永嘉玄覺禪師的〈奢摩他頌〉有云：「以寂寂治緣慮，以惺惺治昏住。」

默照之道，離微之根；

用默照的方法，便能出離煩惱乃至極微細的無明之根。煩惱心有粗有細，有根本有枝末。從粗重的煩惱，逐漸減少，達於心境的默而常照，照而常默之時，連微細的煩惱之根也會斷除。心受境動而執著任何一境之時，心量是極小的，心不著境，默中有照之際，心量是其大無限的。那就是智慧的功能與煩惱的運作適成反比，智慧愈大煩惱愈小，智慧的功能大到無限大，煩惱的作用就愈來愈小，小至無限小，最後不見智慧之大，當然也不見極微的煩惱了。也就是說煩惱無明小到最後便沒有了，智慧愈來愈大，大到最後也沒有了。在眾生來說，修行是為了斷煩惱增智慧，在佛來講，既沒有煩惱，也沒有智慧。

在洞山良价禪師（西元八〇七—八六九年）的〈寶鏡三昧歌〉中，有「重離六爻，偏正回互」及「正中妙挾，敲唱雙舉」之句，是以《易經》離卦的微妙變化，形容智慧心的功能。宏智禪師既為洞下大善知識，故亦以離卦那樣的微妙，來形容「默照」的功能。

徹見離微，金梭玉機；

在「默」而靜止的心境中，不存妄想雜念，已徹底洞識佛性如空。正因為「默」非死滅，所以默的工夫愈深，照的功力愈強，在「默」中藏有離卦那般微妙的作用。「金梭」和「玉機」是形容「照」與「默」互為賓主的功能，織布須用機梭，機是靜態的，梭則穿來越去是動態的，機梭相配，始能生產布匹。用金梭玉機說明「默照」的方法，是用做禪修證悟的最佳工具。

正偏宛轉，明暗因依；

「正偏」一詞，出於洞山良价禪師的〈寶鏡三昧歌〉有云：「偏正回互。」「宛轉」一詞出於洞山良价禪師的〈玄中銘序〉有云：「宛轉偏圓。」「明暗」一詞出於石頭希遷禪師（西元七〇〇—七九〇年）的〈參同契〉有云：「當明中有暗，勿以暗相遇；當暗中有明，勿以明相覩。」永嘉玄覺禪師的〈優畢叉頌〉也有云：「明暗之本非殊」；又云：「暗而能明者，即愚而慧也。」

曹洞宗以偏正二字形容煩惱及菩提，二者相即不相離，由於修證工夫有深淺，而以偏正二字組成五位：1.見性名為正中偏，2.煩惱薄名為偏中正，3.煩惱伏為正中來，4.煩惱斷名為兼中至，5.煩惱即菩提名為兼中到。以此五位皆不出偏正關係的相互變換，故稱「宛轉」。唯有宛然轉變，才能表示煩惱與菩提的此消彼長，雖有消長，實則不動，這也就是照與默的功用了。

明與暗即是智慧與煩惱，沒有煩惱便不能顯示智慧的功能，智慧必定是由於煩惱的活動而需要，故在表現智慧的同時，即有煩惱在其中，不過當依智慧，勿依煩惱。在愚癡煩惱之時，若已知有愚癡煩惱，此人必是智者，故當明有煩惱之時即有智慧，不過勿將智慧當作煩惱。明與暗相互依存，明與暗仍須認清。

勿將菩提與煩惱、生死與涅槃分成兩截，但其前後因果依舊歷歷分明。這就是默照禪告訴我們的真相，既不以事昧理，也不倒因為果。

依無能所，底時回互；

上兩句的「宛轉」和「因依」，都有彼此對換及相互依存的關係，從一般的常識而言，任何兩者的事物之間，多有賓主關係，主格是能依，賓格是所依，那就表示兩者相關而非相即。此中所見則謂兩者之間，不可用賓主或能所來看待，因其實為一體的兩面，互為能所，互為賓主，互為因依。同中有異，異中有同，同異分明而又相即不離。

「底」字在宋人語錄中的用法，與「的」字同，「底時」可解作「當那樣的時候」，也就是說：默與照的關係，跟洞山良价禪師的「正偏宛轉」相同，也跟石頭希遷禪師的「明暗」相依一樣，彼此之間雖無主客之分，卻又經常互為體用。

飲善見藥，檛塗毒鼓；

這兩句都是譬喻，意謂若用默照的方法修行，它的功效就像「飲善見藥」，能對治一切生死煩惱病，如「塗毒鼓」能摧伏一切生死煩惱軍。

飲善見藥的譬喻，出於晉譯六十卷的《華嚴經》第三十六卷，亦名善現藥王。相傳雪山有大藥王，名為善現，若有見者，眼得清淨，聞者耳得清淨，聞其香者鼻得清淨，嘗其味者舌得清淨，若有觸者身得清淨，若能取得彼地之土，悉能滅除無量眾病，安穩快樂。

塗毒鼓的譬喻，經中所見頗多；譬喻宣說佛法的力量，如同以雜毒藥加上咒力，塗在大鼓鼓面，當在擊鼓之時，無論遠近大小眾生，聞者無不腦裂而死。此死即是指的貪欲、瞋恚、愚癡皆悉消滅。《涅槃經》中將法鼓譬作天鼓及毒鼓的二類：1.佛說五乘法，如擊天鼓；2.佛說佛性常住的大乘法，如擊毒鼓。

此處是說默照禪的方法和功能，是滅眾病除諸惑的最上乘法。

回互底時，殺活在我；

這兩句可以解釋成為：正在回相宛轉因依之時，便是主權在握、殺活自由之境。默照即是止觀，「回互」即同時並運。在默而常照、照而常默的相待相成的情況下，正是止觀雙運的好時光。

「殺」是魔來魔斬，佛來佛斬，離心意識的執著，心不攀緣，念不繫境。「活」是漢來漢現，胡來胡現。心如高堂明鏡，雖萬千境界同時出現，也能彰彰顯示，物物反應，井然不亂。

當殺則殺，當活即活，不由外力，名為「殺活在我」。唯有能默，所以善照，默的工夫愈深，照的功力愈強。唯有能照，所以善默，照的功力愈強，默的工夫愈深，相互因待，彼此助長。默照同時，故非一般定境的只止不觀，更非常人心境的昏沉散亂。

門裡出身，枝頭結果；

「出身」二字有二義：1.以身奉獻，2.進身仕途。不論何者，均須走出家門，始可獻身報國，做官為民。宋朝至清朝的科舉制度，凡是官吏要經鄉試、府試、京試，及格後做官時，便稱為什麼出身。此處的出身，是指默的功用，默是靜止的，故喻在門裡，但其並非消極的躲避，而是向外觀照的奧援，若無真默便不能真照，所以默雖不顯於外，它的作用，則已藉照而奉獻了出來。

至於「枝頭結果」，乃指有目共睹的觀照覺察功能，勘破煩惱，便是覺照之功。在門裡時，已經具備了為法獻身的基礎，雖然隱而未現，確是極其重要的條件。像是一棵果樹，樹根樹幹都在門牆之內，唯有樹枝伸出牆外，外面經過的人，既見到枝頭的果實，當然也可推想到門牆之內必有樹身。樹身與樹枝，相依不離，看似兩種現象，其實是一物的兩段。

默唯至言，照唯普應；

默而無言才是最高明的語言，也就是說，真正的至上的語言，是不能用語文表達的。佛陀釋迦世尊，在說法度眾四十多年之後，猶說「未曾說著一字」，就表示語言僅是不得已時用來表達心意的工具，但它本身無法真的表達全部心意，心意仍須用心去體會。而心愈靜愈默，所體會的深度與廣度才愈澈愈明。因此真正的真理不用講，真正的語言不必說，默照之默，即是最高的語言。

默中之照能夠遍照，能於不同的時地，普應一切眾生，給予平等因應。有人問：「這個照，是不是對環境很清楚？」我說：「平常生活中，可能對自己的環境很清楚，但尚不夠，而是說智慧的覺照，乃在內心有無限深遠，也是無限普遍的。」

應不墮功，言不涉聽；

應是相應、感應、呼應、酬應，對於自己對環境的一切回應。沒有事先的預備也沒有事後的痕跡，叫作「不墮功」，事前如虛空，事後如空中的鳥道遺痕，心中保持無瑕的寂默空靈。雖然普應一切外境，內心仍自寂靜。「功」是存心、執意的意思。若默照的工夫完成，心不住相，自無功德功利可言。

言語是傳遞訊息的符號，默照之照，明鑒萬法，當然會接受萬方傳到的消息，不過未必要用耳根去聽。六根之中，眼耳鼻舌身意，無一不能接受訊息。而且最好的表達是盡在不言中。故在中國的梁武帝時代，有一位禪師傅大士（西元四九七—五六九年），有一次梁武帝請他去宮中講經，他上了講台以後，將木尺在台面一拍，就下講台走了。梁武帝覺得很奇怪，怎麼沒講經就下台走了？其實最高的佛法是無法可說的。《金剛經》中即謂：「若人言如來有所說法，即為謗佛。」又云：「說法者無法可說，是名說法。」

萬象森羅，放光說法；

青青的翠竹，鬱鬱的黃花，都是佛在說法，無一處、無一物，不是佛在現身說法。

南陽慧忠禪師（西元六七五—七七五年）主張「牆壁瓦礫」也是佛心，一切「無情」也能說法，並舉晉譯六十卷的《華嚴經．普賢菩薩行品第三十一》有云「剎說眾生說，三世一切說」為例。其實《阿彌陀經》的記載也很明顯：有眾鳥演說三十七道品，諸種樹木也都發出百千種之音樂聲，皆能使聞者生起念佛、念法、念僧之心。

心中無物，心地光明，所見宇宙萬象，亦無一不是佛的法身。佛的肉身，有紫金色的光芒，每次說法之前，都會放光現瑞。若能親證佛的法身遍在，當然可以體會到萬千景物、一切現象，無一不在放光，無時不在說法。

彼彼證明，各各問答；

既能體會到宇宙萬象，皆在隨時隨處、放光說法，當然也不難親見每一個現象或每一項各別的事物，無一不在與其他各別的每一項事物之間，互相印證，並且都在運用無言之言，彼此問答。正像身居佛國淨土，所遇所見，不論有情無情，都是出塵的聖人，以及佛的化身，他們彼此之間不論有言無言，都是問答論法的表現。

問答證明，恰恰相應；

照中失默，便見侵凌；

宇宙萬象，在凡夫所見，是有善惡、好壞、利害、美醜等不同的。風和日麗是好，狂風暴雨是壞；物阜民豐是好，災變連年是壞。但從智者的默照心中，任其自然，物物相應，都是恰如其分，彼此並無衝突的矛盾可言。種善因得善果，種惡因得惡果，前世種因現世結果，目前種因未來結果，甲有所動乙有所應，都是自作自受，恰到好處，故無可喜，亦無可懼，既無可怨，亦無可憂。

唯有默照同時，才是恰到好處。如果只有照的運作而無默的工夫，就會產生混亂的心理現象。若有照而無默，不是失去平靜和明淨，便會見到環境和自己的對立與矛盾，也會發現外境的一切現象之間，也是彼此相爭、相抗、相殘、相剋的。那便會引生煩惱而失卻智慧的功能了。

證明問答，相應恰恰；

默中失照，渾成剩法；

這四句是為加強前面四句的表現，用相對的句型字義，表達默照之間的關係，是無法分割的。若缺其一或偏重偏輕其中之一，兩者都會失去其應有力量。如果默而無照，即與枯木死灰相似，若非昏沉即是發呆，均非定慧等持的禪法。

默照理圓，蓮開夢覺；

默照的工夫，成熟圓滿，便是悟入圓理，也即明心見性。智慧心和親證實悟的見地開了，就好像清淨的蓮花開了，生死的迷夢也就醒了。佛法常以夢幻等形容生死的經驗，說明生死如夢，並非實境，只要明佛心見佛性，親睹自性無性的本來面目，便名為夢覺或夢醒。例如永嘉玄覺禪師的〈證道歌〉中，即有「夢裡明明有六趣，覺後空空無大千」之句。

百川赴海，千峰向岳；

這是形容默照心境的豁達遼闊。「百川」是喻眾生根器雖有千差萬別，終究都會成佛，「百川赴海」便失百川之味，如《法華經．方便品》云：「唯有一乘法，無二亦無三。」「千峰」是喻眾生的無盡煩惱，「向岳」是喻默照心的全面統一。

在默與照齊頭並用的心境中，以百川及千峰的歷歷分明，來解釋照的功能，又以赴海及向岳的順流歸一，來形容默的力量。差別即與無差別的境界是相即相通的，百川奔馳，千水競流，同歸於海，千峰起伏，萬巒層疊，共歸一岳。都在說明默照的動靜互資，悲智雙照，妙用無邊。

如鵝擇乳，如蜂採花；

這是兩個比喻，以喻默照功熟的禪者，有鑑別取捨的能力。據《正法念處經》有一則關於鵝王的傳說：「水乳同置一器，鵝王飲之，但飲乳汁，其水猶存。」另在《佛遺教經》有云：「如蜂採花，但取其味，不損色香。」此皆表示一位修行默照方法已經成功的禪者，已證無分別的理法，故也不再受到煩惱、分別、執著、捨不得又求不得的困擾，但他對於現實世界的倫理、法律、風俗，以及學佛者的儀律等，不唯不否定，而且更能把握分寸，恰如其分，適時適處，取其所當取，捨其所應捨。那就是「在什麼立場說什麼話，做一日和尚撞一日鐘」。那是積極而又條理井然的修養工夫。

默照至得，輪我宗家；

若能專精於默照的工夫，便可親證最上乘法，名為「至得」，實即無得。《金剛經》云：「若有法如來得阿耨多羅三藐三菩提者，然燈佛即不與我受記。」這也跟《心經》的「無智亦無得，以無所得故」的義理相同。因為若於默照之中，尚存有所得有所證的自我中心及價值肯定，此人便未得真解脫。唯有先以默照方法破我執除身見，始能真得與三世諸佛同一鼻孔呼吸的經驗，然後才能轉大法輪，揚佛家風。

宗家默照，透頂透底；

曹洞宗的家風，便是禪宗的家風；禪宗的家風，便是佛祖的家風。佛法化世的功能，即是悲智雙照，悲智的啟發，端賴止觀雙運的修持。

宏智正覺禪師倡導的默照禪法，究其內涵，即是止觀雙運。止觀在梵文是奢摩他（śamatha）及毘缽舍那（vipaśyanā）兩字合譯為漢文，即有止觀、定慧、寂照、明靜的意思。那是大小三乘通用的禪觀方法。止觀兩字在中國則幾乎使人有被天台宗獨占的印象。而天台宗的止觀，分有「小止觀」、「漸次止觀」、「不定止觀」、「圓頓止觀」的四種，圓頓修法的止觀法門，實與禪宗的頓悟法門相似相通，而禪修的入門方便，通常也以止觀最切實際。《摩訶止觀》卷一云：「法性寂然名止，寂而常照名觀。」此與默照禪的「默默忘言，昭昭現前」極為類似。

宏智正覺禪師很明顯地是採納了止觀的基本方法，配合了曹洞禪的相互因依的理論，新創「默照禪」的名稱。

「透頂透底」四字可有三義：1.默照禪是佛法中最上乘法，總收上、中、下的三種根器；2.默照禪能使禪修者徹悟諸法實相，一了百了；3.默照禪是上承諸佛、下傳萬世的修行方法。

二、釋後

我一向以為：著書立說不易，註解經論尤難。因為我們既不是佛陀及祖師們的本人，豈會真正知道佛祖所遺的經義論旨所在？豈能恰到好處地為之註釋？是以本文雖然名為解釋，其實是個人依據佛經及祖語，對〈默照銘〉的看法和想法。

（一九九〇年六月三十日完稿於美國紐約東初禪寺）

附錄

〈默照銘〉全文

宏智正覺

默默忘言，昭昭現前；鑒時廓爾，體處靈然；靈然獨照，照中還妙；
露月星河，雪松雲嶠；晦而彌明，隱而愈顯；鶴夢煙寒，水含秋遠；
浩劫空空，相與雷同；妙存默處，功忘照中；妙存何存，惺惺破昏；
默照之道，離微之根；徹見離微，金梭玉機；正偏宛轉，明暗因依；
依無能所，底時回互；飲善見藥，檛塗毒鼓；回互底時，殺活在我；
門裡出身，枝頭結果；默唯至言，照唯普應；應不墮功，言不涉聽；
萬象森羅，放光說法；彼彼證明，各各問答；問答證明，恰恰相應；
照中失默，便見侵凌；證明問答，相應恰恰；默中失照，渾成剩法；
默照理圓，蓮開夢覺；百川赴海，千峰向岳；如鵝擇乳，如蜂採花；

默照至得，輸我宗家；宗家默照，透頂透底；舜若多身，母陀羅臂；
始終一揆，變態萬差；和氏獻璞，相如指瑕；當機有準，大用不勤；
寰中天子，塞外將軍；吾家底事，中規中矩；傳去諸方，不要賺舉。

國家圖書館出版品預行編目資料

禪與悟 / 聖嚴法師著 . -- 三版 . -- 臺北市 : 法鼓文化 , 2016.01
面；　公分
ISBN 978-957-598-691-9(平裝)

1. 禪宗 2. 佛教修持

226.65　　104026456

禪修指引 6

禪與悟

Chan and Enlightenment

著者　聖嚴法師
出版　法鼓文化
總審訂　釋果毅
總監　釋果賢
總編輯　陳重光
編輯　林文理、李書儀
封面設計　黃聖文
美術編輯　Rooney Lee
地址　臺北市北投區公館路一八六號五樓
電話　02-28934646
傳真　02-28960731
網址　http://www.ddc.com.tw
E-mail　market@ddc.com.tw
讀者服務專線　(02)2896-1600
原東初出版社　一九九一年初版至一九九五年二版二刷
三版四刷　二〇二四年五月
建議售價　新臺幣三二〇元
郵撥帳號　50013371
戶名　財團法人法鼓山文教基金會—法鼓文化
北美經銷處　紐約東初禪寺
Chan Meditation Center (New York, USA)
Tel: (718) 592-6593　E-mail: chancenter.gmail.com

法鼓文化